Força Espiritual

Força Espiritual

3-3-10-2.000-12.000

Direção editorial: **Flávio Machado**
Assistente editorial: **Renata Curi**
Capa: **Júlia Machado**
Diagramação: **Ricardo Brito**
Revisão: **Maria Aiko Nishijima**

Dados Internacionais de Catalogação na Publicação (CIP)
(Câmara Brasileira do Livro, SP, Brasil)

De Lucca, José Carlos.
Força espiritual / José Carlos De Lucca. – São Paulo : Petit, 2007.

ISBN 978-85-7253-159-7

1. Atitude (Psicologia) 2. Auto-ajuda – Técnicas 3. Conduta de vida 4. Espiritismo 5. Realização pessoal I. Título.

07-8257 CDD: 133.901

Índices para catálogo sistemático:
1. Auto-ajuda : Espiritismo 133.901

Impresso no Brasil, no verão de 2010, pela PROL - Editora e gráfica Ltda.

Prezado leitor(a),

Caso encontre neste livro alguma parte que acredita que vai interessar ou mesmo ajudar outras pessoas e decida distribuí-la por meio da internet ou outro meio, nunca deixe de mencionar a fonte, pois assim estará preservando os direitos do autor e conseqüentemente contribuindo para uma ótima divulgação do livro.

Força Espiritual

José Carlos De Lucca

petit editora

Rua Atuaí, 383/389 – Vila Esperança/Penha
CEP 03646-000 – São Paulo – SP
Fone: (0xx11) 2684-6000

Endereço para correspondência:
Caixa Postal 67545 – Ag. Almeida Lima
03102-970 – São Paulo – SP

www.petit.com.br | petit@petit.com.br

Outros livros do autor José Carlos De Lucca:

- *Sem Medo de Ser Feliz*
- *Justiça Além da Vida*
- *Para o Dia Nascer Feliz*
- *Com os Olhos do Coração*
- *Olho Mágico*
- *Atitudes para Vencer*
- *Vale a Pena Amar*

Veja mais informações sobre o autor no *site*:

www.jcdelucca.com.br

Dedico esta obra a três caros amigos e médiuns, por intermédio dos quais a força espiritual não me tem faltado: Antonio Carlos Laferreira, Carlos A. Baccelli e Júlio Miyamoto.

Mensagem

Meus amigos,

Que o Senhor da Vida nos abençoe e guarde.

Nas quadras da vida, sempre nos deparemos com obstáculos dos mais variados, contrastes e dificuldades que desafiam nosso equilíbrio físico-espiritual.

O presente livro, fruto do esforço conjugado do médium e da equipe espiritual que o acompanha, pode ser entendido como uma receita de luz para os momentos em que a sombra se instalar em nossos dias.

Os temas tratados foram selecionados por terapeutas de nosso plano, segundo o conjunto das dificuldades que afligem o homem moderno. São respostas do céu às súplicas aflitas que partem da Terra.

Em minha derradeira experiência carnal, na qual o sofrimento me prendeu a uma cama por anos ininterruptos, sem quase poder me mexer, vivendo como um pássaro preso à gaiola e com imensa vontade de voar, posso atestar que o Espiritismo foi-me a escora indispensável que não me permitiu enlouquecer no túnel indecifrável do materialismo.

Ah, que força interior adquiri com o conhecimento espiritual. Pude compreender o porquê das minhas dores e quanto elas eram necessárias, ao mesmo tempo que aprendi que o otimismo é o mais eficiente remédio para os nosso males.

Espiritismo é otimismo puro, é alegria de viver, é realização do amor em nossa vida.

Como fui feliz apesar de todo o meu sofrimento. Você talvez ache que eu, ou o médium, estejamos loucos, mas a verdadeira loucura é viver sem um sentido para a nossa vida. E a Doutrina Espírita me deu a maior razão para continuar vivo: o amor. Eu amei, amei a família, os amigos, os adversários, a pobreza, a doença, a música e até a minha saudosa cama, enfim amei a vida tão maravilhosa que Deus me concedeu. Acho que até consegui transformar a dor em poesia. Que beleza!

Hoje sou um pássaro livre, e me empenho em oferecer aos amigos da Terra que ainda se acham presos a seus próprios sofrimentos o meu modesto auxílio espiritual. E é só por isso que me atrevi a comparecer nestas páginas.

Na comemoração dos 150 anos do Consolador Prometido entre nós, saudamos esta humilde obra, esperançosos de que ela represente a força espiritual que você tanto clamou a Deus para a restauração da sua vida.

Com votos de paz e grande abraço de incentivo,

Jerônimo Mendonça[1].

1. Mensagem recebida por José Carlos De Lucca. Jerônimo Mendonça, mineiro de Ituiutaba, desencarnou em 26 de novembro de 1989, aos cinqüenta anos de idade. Viveu num leito há mais de trinta anos, paralítico e cego, com muitas dores no peito. Não obstante, viajou por todo o Brasil proferindo palestras, cantando, consolando e orientando centenas de pessoas (para mais informações consulte o livro *O gigante deitado*, de Jane Martins Vilela, publicado pela Casa Editora O Clarim).

Agradecimentos

Ao venerando Espírito Adolfo Bezerra de Menezes, cujos exemplos de abnegação e amor ao próximo me sensibilizam o coração ainda endurecido.

Minha homenagem e gratidão a Divaldo Pereira Franco, pelos incansáveis testemunhos de amor nos seus 60 anos de vivência espírita.

Minha gratidão aos leitores e ouvintes, pois vocês são a ponte de luz que me levam ao crescimento espiritual.

Sumário

Prefácio ... 17
Na hora da dor ... 19
Remédios espirituais ... 21
Concentre-se em seus objetivos ... 23
Dê o primeiro passo ... 25
Seja feliz hoje ... 27
Felicidade é consciência tranqüila ... 29
Mais consciência ... 31
Socorro para a família ... 33
Siga em frente ... 35
Sadio descanso ... 37
Perigos do perfeccionismo ... 39
Combata a tristeza ... 41

Você é quem pensa que é 43
Compromisso consigo 45
Luz no lar 47
O corpo fala 49
A força do ideal 51
Alegre-se com suas conquistas 53
Contágio mental 55
Os três pilares da felicidade 57
Condições para o sucesso 59
Dê espaço para o novo 61
Reconciliação 65
Verdades óbvias 67
Longe dos vícios 69
Fale com Deus 73
Não congestione sua vida 75
Não lhe falta tempo 77
Não seja pai de filhos órfãos 81
O que você vai escolher hoje? 85
Sem pressa 87
O que falta para você ficar em paz? 89
Vamos nos mexer? 91
Para onde você pensa que vai? 93

A dor da partida 97
Cura da depressão 101
Você tem demonstrado amor? 105
Os dois arquivos 109
Onde você se pôs? 113
Setenta vezes sete 115
Deseja a cura? 119
Caridade para consigo 123
Sem dramas na mente, sem dramas na vida 127
Filho de Deus 129
Sem ansiedade 133
Pare com a queixa 137
Quem é você? 139
Suas palavras, seu destino 143
Mude para vencer 145
O amigo Jesus 149

Prefácio

Sinto-me feliz em poder oferecer este novo trabalho ao carinhoso público que me acompanha em livros, palestras e programas de rádio e TV.

Confesso que jamais pensei em escrever um livro como este, contendo reflexões espirituais colocadas de forma direta e objetiva. Como professor, gosto de explicar, esmiuçar as idéias, torná-las bem claras para a compreensão de todos. Foi assim que me conduzi nos livros anteriores.

Mas este é diferente. Escrito em menos de quarenta dias, sem prejuízo das minhas atividades profissionais, as reflexões brotaram como se uma grande cascata de idéias caísse sobre minha cabeça. Por dever de honestidade, e nada mais do que isso, devo esclarecer que não escrevi este livro sozinho. Amigos espirituais foram os responsáveis pelo conteúdo central das reflexões constantes nos cinqüenta capítulos desta obra. Coube-me dar forma e clareza às idéias que eles sugeriam pelos canais da inspiração mediúnica.

Agradeço a convivência proveitosa que tive com a equipe espiritual que me assessorou neste trabalho. Posso afirmar, sem nenhuma dúvida, que o livro foi escrito primeiramente para mim. Espero reter em meu espírito as preciosas lições espirituais que o livro encerra.

Se o presente trabalho não ficar tão bom quanto o leitor possa esperar, creditem a mim as possíveis críticas, ao mesmo tempo que peço compreensão para com as minhas grandes limitações como homem e como médium.

Espero que a força espiritual que me beneficiou durante a recepção da obra possa também envolvê-lo a partir de agora, despertando a sua incrível força de recriar o destino a partir de cada nova atitude que este livro for capaz de lhe inspirar.

Esse é o propósito de Deus para a sua vida.

Com carinho e paz,

José Carlos De Lucca

Na hora da dor

Quando os ventos das dificuldades soprarem mais fortes, permaneça firme no chão da esperança. O desespero é porta aberta a maiores tempestades.

Não sofremos tanto pelos problemas que nos atingem, mas sim pela inconformação diante deles. Nas inevitáveis tempestades que atingem indistintamente a todos, aprendamos quanto antes a praticar a resignação, pois sem ela haveremos de cair no abismo de desequilíbrios emocionais de difícil tratamento.

A irresignação dificulta qualquer ensejo de ajuda espiritual. Suporte a dor do momento, ela é passageira e portadora de luz para o seu amanhã desde que você esteja disposto a aprender com as pedras do caminho.

Sem a plena aceitação da realidade, você jamais mudará coisa alguma em sua vida. Aprenda a lidar com as dificuldades em vez de ficar brigando com elas. Encontre soluções para os problemas e não discursos filosóficos de que a vida deveria ser diferente do que tem sido.

Se você quer uma vida diferente, comece agora mesmo a fazer coisas diferentes do que tem feito. O homem não é apenas o que pensa, mas sobretudo o que faz.

Deus, que nos ama, sempre está fazendo o melhor por nós, ainda que nossa visão não consiga enxergar isso à primeira vista.

Ore com mais confiança e intensidade; a prece é um poderoso guarda-chuva espiritual. Você por certo não deixará de se molhar com a chuva das dificuldades, mas com certeza jamais naufragará diante das lições inevitáveis de progresso que a vida lhe apresentou.

Creia, sem hesitar, que, fazendo o melhor ao seu alcance, Deus também fará o melhor por você. Se as coisas caminham mal, entre logo na sintonia do bem.

A oração e o trabalho, sobretudo o trabalho voluntário em favor do próximo, são os mais eficientes recursos para nos tirarem de qualquer crise. Seja qual for o problema que o aflige, lembre-se de que Deus permanece com você, sustentando-o no momento, mas é imperioso que você também se entregue confiante aos processos de renovação espiritual que os obstáculos convidam a todos incessantemente.

Remédios espirituais

Se você está enfermo, não deixe que o desânimo tome conta de seus pensamentos. Não se esqueça de que todo o processo de cura se inicia primeiramente na mente.

Não rejeite a medicina dos homens a pretexto de confiar exclusivamente na ajuda espiritual. O médico também é um mensageiro de Deus. Nenhum tratamento espiritual substitui o tratamento médico. Mas a cura verdadeira muitas vezes também requisitará medicação para os males do espírito.

Tenha fé na saúde, e não na doença. Jesus atribuía as curas que realizava à fé que as pessoas possuíam. Evite pronunciar palavras dramatizando as próprias dores. O homem se transforma no que pensa e naquilo que costumeiramente cultiva.

Você ajudará muito na recuperação da saúde se não se sentir um inválido. Aceite as limitações que a enfermidade lhe trouxe; todavia, procure se sentir útil em algum setor, pois o trabalho é dos melhores tônicos da vida.

No mais das vezes, a dificuldade orgânica é fruto dos desarranjos do espírito. Mágoas, ódio, ciúmes, raiva, melancolia, quando cultivados com insistência, convertem-se em venenos perigosos para o corpo. Faça uma desintoxicação espiritual. No *Evangelho*, você encontrará remédios milagrosos para esses males. Mas de nada adiantará termos o remédio à nossa frente se não nos dispusermos a tomá-lo.

O doente não se cura olhando para a receita.

Agora mesmo está à sua disposição o mais potente remédio prescrito por todos os grandes mestres espirituais da humanidade: amor, que não tem contra-indicação, pode ser usado a qualquer hora, previne a maior parte das doenças e é capaz de curas milagrosas. A doença talvez seja apenas um grito de socorro por mais amor em sua vida.

Concentre-se em seus objetivos

Mantenha sempre presente o foco em seus objetivos. O fogo somente consegue cortar o ferro se permanecer queimando no mesmo ponto.

A melhor maneira de não fazer nada é querer fazer muita coisa ao mesmo tempo. Ninguém alcança suas metas sem estabelecer e respeitar prioridades.

Evite a dispersão. Esteja concentrado no ponto que você quer atingir. O arqueiro, para direcionar a flecha, precisa se concentrar no alvo desejado. Nem sempre quem atira para todo lado acerta alguma coisa.

Ao se levantar pela manhã, tenha sempre em mente as respostas para estas perguntas: quem eu sou? O que desejo da vida? Como vou utilizar este dia para atingir meus ideais?

Para quem não sabe aonde chegar, qualquer caminho serve. Quando estabelecer algum objetivo, trabalhe e persevere na sua realização. Não basta sonhar grandes conquistas, é preciso também suar – e muito.

Quando as vozes do desânimo ou da preguiça começarem a falar mais alto, procure aumentar a chama do ideal. Imagine-se alcançando suas metas, recebendo o reconhecimento das pessoas, sinta o quão feliz você estará nesse dia. Isso o ajudará a recuperar o entusiasmo.

Lembre-se de Jesus, cuja vida foi capaz de dividir a história da humanidade em duas partes, e recorde que o Mestre, apesar de todos os percalços, manteve até o fim seu foco centrado no amor. E só por isso a humanidade ainda não se dizimou.

Não espere receber investimentos da vida. É você quem investe nela e dela recebe, na mesma proporção e intensidade, o fruto do seu esforço.

Dê o primeiro passo

Cuidado para que seus sonhos não se transformem em meros projetos ou intenções. Frustração é o nome que muitas vezes se dá aos castelos que nossas mãos não quiseram construir.

Não desanime apenas porque sua meta exigirá longo esforço. Toda grande caminhada começa no primeiro passo. Um livro de mil folhas foi escrito página por página, palavra por palavra.

Não fique contando as prováveis dificuldades que vai encontrar, pois é possível que você desista antes mesmo de começar. Ponha-se a trabalhar e as dificuldades serão naturalmente resolvidas quando aparecerem – e se aparecerem.

Jamais esqueça que, dando o primeiro passo, você se sentirá animado em dar logo o segundo, e assim sucessivamente até a conquista das suas aspirações. Quanto mais você anda, mais se sente empolgado em se aproximar do alvo desejado. Quanto mais parado você fica, mais cansado e desanimado você estará.

Não se preocupe se se sentir ainda despreparado para atingir o objetivo que você tanto acalanta. Ninguém está totalmente pronto quando inicia um novo projeto. Comece a trabalhar pelos seus ideais e, no curso dos acontecimentos, você terá os aprendizados necessários e fará os ajustes precisos para alcançar a meta desejada.

Você não atravessará uma rua se ficar apenas contemplando o outro lado da calçada. O segredo do caminho é caminhar.

Se esperar pelo dia ideal para começar a trabalhar, você provavelmente não sairá do lugar.

Seja feliz hoje

Hoje é o melhor dia para ser feliz. Não projete a felicidade para o amanhã, pois se você não for feliz hoje é quase certo que não o será também amanhã.

Felicidade não é um acontecimento, mas um estado de espírito. Se você não for feliz no seu mundo íntimo, nada do mundo externo será capaz de lhe proporcionar felicidade.

As pessoas verdadeiramente felizes são otimistas, gratas, alegres, dinâmicas, toleram as suas e as imperfeições dos outros, amam a vida e sentem-se mais felizes quando trabalham pela felicidade do próximo. Você poderá pensar que elas são felizes porque sua vida caminha bem. Não. Sua vida caminha bem porque elas primeiramente são felizes.

Você já reparou que a felicidade gosta das pessoas felizes? Que a prosperidade procura os prósperos? Que a saúde anda de mãos dadas com os sãos? Que coisas boas ocorrem para aqueles que pensam bem? Eis aí o resultado da lei de atração.

Se quiser se sentir feliz agora mesmo, pare um minuto para contar as bênçãos recebidas, as vantagens de que você já dispõe, os episódios felizes que já viveu, as pessoas que o amam e as infinitas possibilidades que ainda o aguardam a partir de agora. Mas se você quiser voltar a pensar no que ainda lhe falta, saiba que a ingratidão é a grande prisioneira da sua felicidade.

Viva o dia de hoje como se fosse o derradeiro dia da sua passagem pela vida terrena. Viva cada encontro como se fosse a última vez que você estará com aquela pessoa. Faça o seu trabalho como se você não tivesse mais a possibilidade de corrigi-lo.

Se você estiver disposto a viver este dia com a intensidade do último momento, pode ter certeza de que não terá tempo para ser infeliz.

Felicidade é consciência tranqüila

Antes de qualquer decisão, pense que você é um espírito imortal e, portanto, herdará todas as conseqüências de suas escolhas. Não vale a pena levar qualquer vantagem em detrimento da felicidade alheia. Quem forja lágrimas não viverá num mar de rosas. Não se iluda com o aparente triunfo dos que defraudam pessoas e instituições.

A casa que se constrói sobre a areia não tem existência duradoura. Só o bem é eterno.

Nem mesmo a morte conseguirá apagar da nossa consciência o mal que causarmos aos semelhantes. Um dia voltaremos ao cenário terrestre para o justo acerto de contas. Se você duvida disso, tente então explicar o motivo de crianças nascerem com doenças incuráveis; pessoas que na melhor fase de sua vida morrem em acidentes coletivos; vítimas inocentes serem injustamente condenadas por crimes jamais cometidos.

O mal que causamos aos outros a nós mesmos causamos. Poderemos driblar a justiça humana, contudo jamais enganaremos a consciência cósmica.

Viver em paz é ter a consciência tranqüila. Nenhum bem material, nenhum cargo, nenhum destaque social nos permitirá viver feliz escutando o choro e o lamento daqueles a quem prejudicamos. As vibrações de ódio e de revolta nos envolverão em ondas de perturbação espiritual que calmante algum poderá remover.

Por isso mesmo, consulte sempre a consciência antes de agir, a fim de verificar se a sua decisão não implicará indevidos prejuízos para os outros. Mas, se já tiver agido erroneamente, repare logo o mal com o bem, a fim de que a paz volte em sua vida.

Mais consciência

Não viva apenas reagindo aos acontecimentos. Não cuide da saúde apenas quando ficar doente. Não pense em tratar bem o seu cônjuge somente quando ele cogitar da separação. Não pretenda estudar apenas depois de uma nota baixa. Não queira a reciclagem profissional somente depois que ficou desempregado.

Pessoas reativas são aquelas que somente agem quando a corda está amarrada no pescoço. E, convenhamos, é sempre desconfortável termos de virar o placar de um jogo desfavorável. Às vezes, quando acordamos para mudar o resultado, o jogo já está quase no fim.

Avalie constantemente sua vida, esteja concentrado em suas metas e antecipe-se para evitar a ocorrência de fatos perfeitamente previsíveis.

Muitos dos nossos problemas de hoje poderiam ter sido evitados se tivéssemos agido com mais consciência e menos irresponsabilidade.

Você é o jardineiro da sua vida. Cuide diariamente das flores, adube a terra, retire as ervas daninhas e as pragas, a fim de que seu jardim cresça o mais florido possível. Um jardim descuidado depõe contra o jardineiro.

É sempre melhor agir do que simplesmente reagir. Quem age, prepara e constrói. Quem reage, apenas conserta, quando isso for possível.

Você faz a sua vida ou a sua vida faz você? O destino está em suas mãos ou você está nas mãos do destino? A canção popular já disse: "Quem sabe faz a hora, não espera acontecer"[2].

2. Extraído da canção "Caminhando" ou "Pra não dizer que não falei das flores", de Geraldo Vandré.

Socorro para a família

Tenha um pouco mais de paciência com os seus familiares. Geralmente no lar os nossos limites de tolerância são bem mais curtos. Se você se uniu a determinada pessoa pelos laços do amor, lembre-se de que o cônjuge não é nenhum anjo encarnado, tanto quanto você também ainda não tem asas para voar às esferas celestiais.

Ao voltar para casa hoje, desarme sua cara amarrada e experimente sorrir. Você verá que um simples sorriso é capaz de milagres que sermão algum conseguirá realizar. Nem os animais gostam de açoites.

Dentro do lar, você quer ser temido ou amado?

Em nome da união conjugal, não destrua os sonhos de seu cônjuge. Recorde que antes de se casar com você, ele é um espírito eterno e que não nasceu exclusivamente para servi-lo. Se você quer uma união feliz, faça o seu cônjuge feliz.

Quanto mais liberdade você der ao seu cônjuge, mais ele estará perto de você. Quanto menos você implicar com ele, menos ele encrencará com você.

Precisamos decidir: queremos paz ou guerra dentro do lar? Sempre teremos a opção por um ou outro caminho.

Não deixe que a rotina familiar sufoque o amor entre o casal. Vocês não se uniram para pagar contas, comprar uma casa, criar filhos e ir ao supermercado. Vocês se uniram pelo amor e para continuar a experiência do amor pelo restante de suas vidas.

Encontre todos os dias um momento de celebração desse amor. Uma palavra de estímulo, um telefonema de saudade, um olhar de ternura, um silêncio de cumplicidade, um gesto de carinho, um presente inesperado revigoram a união e fortalecem o casal diante de quaisquer obstáculos.

Siga em frente

Não permita que os revezes da vida o impeçam de marchar adiante. A vida exige movimento constante, e o progresso, em quaisquer de suas manifestações, sempre nos pedirá um passo à frente. Se insistir em apenas olhar para trás, jamais enxergará a vida nova que o espera agora mesmo.

A vitória não pertence aos que jamais caíram, mas aos que logo se levantaram depois de suas quedas. Aprender com os próprios erros é um dos melhores segredos do sucesso. Se você permanecer preso ao sentimento de vergonha pelo insucesso, jamais conhecerá a estrada da vitória.

Seguir em frente, apesar das dificuldades, é a maneira mais eficiente de se desvincular das derrotas. Não se deixa de viver quando se morre; morremos quando deixamos de lutar.

Ao acordar a cada novo dia, recorde-se de que você é uma nova criatura, e, portanto, em condições de não mais repetir pensamentos e comportamentos autodestrutivos. A felicidade está diretamente ligada à nossa disposição de renovação diária das atitudes. A escolha sempre vai por nossa conta.

Se você insistir em cultivar mágoas, culpas e fracassos, saiba que a felicidade dificilmente baterá à sua porta. Não reprise acontecimentos desfavoráveis, libere-os quanto antes da sua vida a fim de que as constantes recordações negativas não o deixem doente e incapaz. Cada um prepara a cama onde vai dormir.

Não importa o tamanho do problema que o aflige no momento. Se você se dispuser a não lhe dar tanta importância, a perdoar as pedras do caminho e a seguir em frente trabalhando pelo melhor, tenha certeza de que o tempo se encarregará de deixar qualquer dificuldade enterrada no chão do passado.

Sadio descanso

Procure o necessário repouso em meio às suas batalhas. Faça pausas de refazimento a fim de que suas forças se renovem periodicamente. A tensão constante e excessiva produz esgotamento. A vida é feita de som e de silêncio. O equilíbrio entre trabalho e descanso é a chave de uma existência longa.

Evite os excessos. Há os que trabalham demais e os que descansam demais.

Busque, sempre que possível, um contato mais direto com a natureza. Contemple o nascer ou o pôr-do-sol. Banhe-se nas águas benditas de rios e mares. Respire o ar puro das montanhas. Ande descalço na terra e abrace uma frondosa árvore. Entretanto, faça tudo isso procurando se sentir integrado à mãe natureza; ela saberá retribuir sua visita em ondas de paz, saúde e renovação.

Na hora do banho, procure sentir o milagre da água limpa tocando o seu corpo. Visualize a água vindo das fontes espirituais sublimes, percorrendo o encanamento até chegar ao chuveiro, de onde cai para higienizar o corpo e a mente. Imagine que essa água está saturada de fluidos curadores, destinados ao alívio das tensões e preocupações.

Você não atingirá um perfeito relaxamento se não souber relaxar a mente. Solte-se de seus problemas, esqueça as preocupações, pare de querer ser responsável por tudo e por todos. Quanto mais você quiser assumir o total controle das pessoas e das situações, esquecendo a parte que compete aos outros, mais a vida encontrará meios de torná-lo impotente. A insônia pode ser o primeiro sintoma disso.

Faça o que precisa ser feito, e deixe o rio encontrar o próprio curso.

A melhor maneira de descansar é termos a consciência tranqüila pelo dever cumprido dentro das nossas possibilidades. Depois disso, poderemos dormir em paz, porque Deus permanece acordado.

Perigos do perfeccionismo

Cuidado com o perfeccionismo, que tem destruído as melhores plantações de felicidade. Muitas pessoas, a pretexto de um trabalho perfeito, jamais conseguem dar o primeiro passo na empreitada.

Não se esqueça de que a perfeição absoluta pertence só a Deus e, a menos que você pense que é Deus, comece hoje a trabalhar fazendo apenas o seu melhor, o que já será muito.

Muitos perfeccionistas terminam os seus dias em lamentável estado de frustração íntima. Descobrem tarde que exigiram muito e fizeram pouco ou quase nada.

Não exija perfeição dos outros. Você está vivendo num mundo de pessoas imperfeitas para que também reconheça as próprias limitações. Somos espelhos uns dos outros.

Não é errado errar. O sucesso é o resultado de um processo longo de erros e acertos.

Ninguém tem verdadeiramente defeitos, nem você mesmo. Apenas ainda não aprendemos tudo o que podemos aprender de acordo com a nossa idade espiritual. Você diria que um recém-nascido é imperfeito só porque ainda não aprendeu a andar?

No estágio evolutivo em que cada um se encontra, tem-se uma perfeição relativa, e a sabedoria do bem viver consiste em aprender a se beneficiar da luz que cada um é capaz de emitir.

Não se leve tão a sério. O melhor tratamento para o perfeccionismo é desenvolver a capacidade de rir de si próprio quando cair em algum trecho do caminho. Somente assim você terá forças para levantar e seguir. Se ficar decepcionado consigo, permanecerá no chão derramando lágrimas improdutivas.

Combata a tristeza

Essa tristeza inexplicável que insiste em acompanhá-lo é um sinal de alarme exigindo pronta intervenção de nossa parte.

Talvez seja falta de contentamento com as bênçãos que a vida já lhe concedeu. A ingratidão nos deixa freqüentemente prisioneiros do azedume e do mal-humor. Se você insiste em ver o que lhe falta, e no mais das vezes o que lhe falta é o de que você não necessita, jamais terá tempo para agradecer o que Deus achou justo para você viver feliz hoje.

Se você não tem o que gosta, saiba que a alegria nasce quando aprendemos a gostar do que temos.

É possível também que esteja lhe faltando a alegria que vem do próximo. Vivemos em regime de permutas constantes. Da mesma forma que precisamos do trabalho alheio, carecemos também de experimentar o sorriso que alguém nos endereça, uma palavra de agradecimento por um favor prestado, uma oração que alguém faça por nossa intenção em razão de um simples gesto de carinho.

Quando enxugamos as lágrimas de alguém, Deus enxugará as nossas. Quando fazemos alguém sorrir, Deus sorrirá conosco. Quando damos um simples passo com um irmão em dificuldade, Deus caminhará conosco por longas estradas. Quando vamos ao encontro da dor alheia, a alegria de Deus nos arrancará a tristeza do peito.

Não é errado sentir tristeza. O problema é ficar triste pelo resto da vida. A natureza se revela em ciclos que se renovam de tempos em tempos. As estações do ano também se revezam periodicamente. Será que o seu inverno já não chegou ao fim? Será que já não secou a fonte das lágrimas que você insiste tanto em derramar? Será que a primavera não está batendo à sua porta?

Você é quem pensa que é

Freqüentemente agimos de acordo com a imagem que criamos a nosso próprio respeito. Se você se julga corajoso, terá atitudes corajosas. Se você se acredita fraco, agirá com medo e insegurança. Somos um ator interpretando o personagem que modelamos ao longo da existência.

Melhorar a vida será muitas vezes mudar a imagem que fazemos de nós mesmos. Quase sempre essa imagem não corresponde ao que realmente somos. É possível que nossos pais ou educadores tenham passado uma imagem distorcida do que somos, e nós, de alguma forma, incorporamos essa imagem como verdadeira.

Não dê valor a imagens falsas, pois do contrário você apenas agirá para confirmar o que pensa que é. Não acredite em idéias que limitam a sua capacidade, que diminuem o seu valor e que apagam a sua luz. É possível mudar tudo isso como você muda de roupa todos os dias.

Você é filho de Deus, portanto, herdou do seu Pai o que há de melhor na criação. Todos os talentos e oportunidades lhe pertencem por herança natural.

É possível que hoje você esteja se tratando da mesma forma que seus pais o trataram na infância. Se não foi amado como gostaria, é bem provável que também não esteja se amando como deveria. Essa situação já terminou. Seus pais deram o que podiam dar. Perdoe-os. Mas a você, e somente a você, cabe a responsabilidade de se amar incondicionalmente.

O milagre que você está esperando em sua vida ocorrerá exatamente no instante em que abandonar a imagem da pessoa rejeitada, pequeno e impotente e passar a viver confiante como um Filho de Deus deve viver. O socorro mais urgente que você necessita é acabar com o seu complexo de inferioridade.

Compromisso consigo

Esteja comprometido com seus objetivos. Se você não for fiel a eles, por certo acabará traído pela própria negligência. Sem empenho diário, suas metas poderão ser valiosas mas não passarão de simples empolgação adolescente.

Fracasso é o nome que muitas vezes se dá às tentativas descompromissadas.

Estarmos comprometidos é mergulhar fundo em nossas realizações e permanecer firmes em nosso alvo, mesmo quando surgirem as adversidades. Sem comprometimento, você desistirá ao encontrar a primeira barreira.

O compromisso envolve a certeza de que você chegará ao resultado desejado, e isso lhe dará a força necessária para superar quaisquer obstáculos.

Se você está comprometido num relacionamento com uma pessoa a quem ama, você não a deixaria somente porque ela está doente. Você fará qualquer coisa para que ela se recupere. Assim também são os seus sonhos, eles somente não morrerão se você estiver disposto a enfrentar qualquer dificuldade para torná-los realidade.

Sempre pagamos caro demais quando somos infiéis aos sonhos que acalentam a nossa alma. E o nome dessa moeda tão comum em nossos dias se chama frustração.

Sem comprometimento com as aspirações da nossa alma, tudo não passará de meras intenções que nos darão sempre o que têm dado: nada.

Luz no lar

Não pense que o lar se constitui apenas das paredes e dos móveis que o compõem. Ao lado do ambiente físico, coexiste uma esfera espiritual que também requer cuidados de asseio e higiene.

Esse ambiente tem um padrão de energia equivalente ao padrão moral dos seus moradores. Não se interesse apenas pela conservação da sua casa, prime também por um clima espiritual positivo para que todos possam viver em paz.

Ao menos na hora da refeição evite gritarias e discussões, pois os alimentos ficarão impregnados de energias negativas oriundas das palavras pesadas dirigidas na mesa. Muitas perturbações digestivas têm origem no destempero verbal no momento da alimentação. Não seria invencionice dizer que, nesses casos, toda a família estará ingerindo alimentos deteriorados.

As críticas endereçadas aos nossos familiares, sobretudo quando marcadas por zombaria ou escárnio, bem como a agressividade dentro do lar, provocam descargas energéticas prejudiciais que intoxicam o ambiente doméstico e propiciam o surgimento de muitas doenças na família.

A exibição de filmes de terror e de noticiários sanguinolentos também irradia faixas vibratórias destrutivas, em especial na mente frágil de crianças, fixando na atmosfera psíquica do lar energias deprimentes e perturbadoras da nossa paz. Se você aprecia andar na escuridão, não acuse as trevas.

A oração dentro do lar se traduz num dos mais eficientes meios de defesa espiritual da família. Ao lado da prece, o diálogo, a troca de elogios entre os familiares, o bom humor, a boa vontade e o amor respondem pela segurança espiritual da moradia e pela alegria de viver entre quatro paredes.

O corpo fala

Procure escutar o seu corpo, pois ele é um espelho dos seus pensamentos e dos estados emotivos mais freqüentes. O corpo tem uma linguagem não-verbal, mas nem por isso deixa de se comunicar conosco. As doenças são expressões finais do nosso desequilíbrio físico, mental ou emocional.

Os conflitos íntimos não resolvidos são muitas vezes somatizados em doenças. A maior parte das enfermidades é provocada por quatro estados emotivos básicos: mágoa, culpa, raiva e crítica.

Procure diluir esses sentimentos o mais rápido possível, pois do contrário eles se converterão em potentes nódulos de energias negativas a dinamitarem a sua saúde. E quando as dores da alma não afetam o corpo, acabam por provocar neuroses, depressões, pânicos e psicoses várias.

O corpo, portanto, é instrumento do seu autoconhecimento. Não queira apenas tratar das conseqüências das enfermidades, vá às causas para encontrar a cura real. Converse com seu corpo, agradeça a ele os sinais de alarme que envia para que você reencontre o equilíbrio. Trate seu corpo com amor, pois sem saúde você não irá muito longe.

É possível que alguma tendência mórbida se encontre escondida nos escaninhos da sua alma. Quem sabe, a enfermidade que o atormenta simbolize a punição sua ou de alguém muito próximo. Não ignore que, se o amor é o melhor agente da cura, o perdão é o caminho seguro que nos leva ao amor. Se você não estiver disposto a perdoar, saiba que a cura estará longe de você.

A força do ideal

Tenha um ideal de vida. Fuja do vazio existencial de que muitos se tornaram prisioneiros. O homem que tem ideais sempre encontrará forças interiores para transpor quaisquer obstáculos.

Encontre uma razão para viver, alguém a cuidar, um ideal a atingir, uma meta a alcançar, um sonho a realizar. É provável que certas depressões se instalem em mentes que não se enobreceram no prazer de ser útil à vida. Quem não aprende a cooperar com a vida, não pode exigir cooperação de ninguém.

Quem tem objetivos e trabalha por eles sente a própria vida palpitando dentro de si. A vida se realiza em cada um dos nossos sonhos concretizados. Quanto mais ideal, mais trabalho, quanto mais trabalho mais vida, e quanto mais vida mais felicidade.

O espírito veio ao mundo terreno para se realizar. Ninguém reencarnou para uma excursão de férias. Procure se perguntar sobre o que tem feito da vida, das horas que passam e não voltam e das oportunidades que surgem e não se repetem.

Você terá outras tantas encarnações para repetir experiências mal-sucedidas, mas saiba que esta existência não terá *replay*.

Quando você deixar este mundo, fatalmente olhará para suas mãos e perceberá se elas estão vazias ou cheias de realizações positivas. Você pode fazer um ensaio e começar a notar isso agora mesmo. Ainda dá tempo de você mudar a história da sua vida e ser lembrado amanhã como alguém que não deixou a vida passar em branco.

Alegre-se com suas conquistas

Não deixe de comemorar as suas vitórias, mesmo as mais pequeninas. A vida não é só feita de lutas, mas também da celebração das nossas conquistas. O prazer da vitória nos estimula a novos empreendimentos.

O atleta se esforça sonhando com a medalha olímpica. O artista burila seus talentos em busca da consagração pública. O professor se esmera para que os alunos adquiram novos conhecimentos. Todos, de alguma forma, esperam o resultado de seus esforços. Deixar de reconhecer nossas conquistas pode causar a sensação de que nadamos muito e acabamos morrendo na praia.

A pessoa feliz não olha tanto para as suas derrotas, como nas suas vitórias, pois assim jamais esquecerá que, apesar das suas limitações tão naturais, tem talento suficiente para corrigir, recomeçar e brilhar cada vez mais.

Cada vez que a sensação de fracasso visitá-lo, recorde-se, logo, de que você é um espírito em aprendizado e que, mesmo não sabendo tudo, já foi capaz de superar outras adversidades e de alcançar muitas outras vitórias significativas.

Dê importância às pequenas conquistas diárias, celebre-as, contente-se, pois saiba que elas o conduzirão aos grandes feitos. Toda grande caminhada é feita de pequeninos passos.

Sempre que possível, dê-se um presente para marcar positivamente suas realizações. Não importa o valor do objeto, mas o significado amoroso do gesto. Se você é capaz de dar muitos presentes à pessoa que ama, por que não pode fazer isso por você também?

Essa singela atitude será um poderoso sinal para o universo de que você é uma pessoa que tem muito valor. E a prosperidade, material e espiritual, está à procura de pessoas valorosas.

Contágio mental

Acautele-se contra o perigo do contágio mental. O pensamento é força criadora e plasma na atmosfera o produto das nossas aspirações. Pela lei de afinidades, os pensamentos negativos comuns se ligam e formam densas nuvens psíquicas a envolverem os que transitam na mesma faixa de intenção.

Cuidado para não ficar preso na teia dos pensamentos negativos. Sua vida muitas vezes não caminha bem porque seus pensamentos não caminham na direção do bem.

Se você, por exemplo, mergulhar, com freqüência, nas faixas mentais da tristeza, seu pensamento se unirá a indefinível número de mentes tristes, estabelecendo uma ligação psíquica de influências mútuas. Você nunca estará triste sozinho por muito tempo.

Nos momentos de calamidades ou de grandes tensões sociais, maior deverá ser o nosso cuidado mental, pois do contrário nos tornaremos presas fáceis dos grandes adensamentos energéticos negativos que se formam nessas ocasiões. Nada mais oportuno do que a recomendação evangélica: *orai e vigiai*.

A melhor defesa psíquica sempre será o bem que conseguirmos espalhar pela vida. Pensar no bem, falar no bem e agir no bem serão nossos escudos protetores contra as arremetidas do mal. E de nada adianta agir assim somente quando estamos em tarefas religiosas. Espiritualidade é o que fazemos quando saímos do templo de nossa fé.

A leitura diária de páginas edificantes corrige o leito do rio dos pensamentos desequilibrados. Mudar o curso dos pensamentos é tarefa prioritária quando nos sentirmos mergulhados em estados de tristeza, irritação e agressividade.

A melhor recomendação para se ver livre das energias negativas é não se achar imune a elas.

Os três pilares da felicidade

Cuidado para não procurar a felicidade em fontes que só lhe trarão maiores ilusões. Se você está descontente com sua vida e deseja melhorá-la, procure dar a máxima atenção aos três aspectos essenciais da felicidade: amor, saúde e inteligência. Faça um balanço em sua vida para saber que nível de importância você tem dado a esses tópicos.

Viver sem amor é a maior miséria que um homem pode experimentar. A felicidade não se mede por aquilo que temos, mas por aquilo que somos. O maior patrimônio que podemos ter é o amor em nosso coração. Nenhum prazer se compara ao êxtase do amor incondicional.

Não espere apenas ser amado, qual ocorre com a maioria das pessoas. Receber amor depende de quanto amor damos, a começar por nós mesmos. Dê fim à carência de amor em sua vida e comece, desde já, a oferecer ao mundo pequenos gestos amorosos.

Cuide de sua saúde, como um dos bens mais preciosos da sua vida. Muitas pessoas estão deixando o planeta antes da hora por causa do desleixo com o corpo. Não custa lembrar que a base da saúde está na harmonia dos pensamentos, na simplicidade à mesa e no equilíbrio dos desejos.

A inteligência desenvolvida abrirá muitas portas em sua vida. Até hoje não se conhece homem algum que tenha se arrependido de estudar. Mas o contingente de pessoas com remorso por não terem se interessado pela cultura é muito grande. Todos os homens são inteligentes, mas a conquista do saber depende do esforço de cada um.

Sempre é tempo de enriquecer a vida desenvolvendo a inteligência. Se já não for mais possível voltar à escola, seja você uma espécie de autodidata e que mais nenhum dia da sua vida seja vivido distante de livros, jornais, revistas, cinema, teatro, exposições, enfim, de algo que faça com que você passe a enxergar a vida além das pequenas janelas de sua casa.

Condições para o sucesso

Se você aspira pelo sucesso, saiba que toda conquista é fruto de um processo por vezes duradouro. O atleta que hoje você admira no pódio olímpico começou sua preparação nos primeiros períodos da adolescência. O médico tão requisitado pela sociedade vem estudando noites e mais noites há muitos anos. Nenhuma vitória sólida se faz do dia para a noite.

Todo sonho tem um preço. Para alcançá-lo, é preciso que você esteja disposto e determinado a pagar o tributo exigido. Não faça parte do time dos "quase": quase se formaram, quase passaram no vestibular, quase foram contratados, quase fizeram regime. É provável que eles quase se aplicaram em seus objetivos.

Sucesso é o nome que muitas vezes damos ao que fazemos de produtivo à noite enquanto a grande maioria dorme. Enquanto você cochila no ônibus ou no vagão do metrô, alguém está com um livro aberto, estudando. Enquanto você passa o fim de semana no bar bebendo com os amigos, alguém está em casa ou numa biblioteca ampliando conhecimentos. E não diga depois que eles ingressaram nas melhores faculdades ou obtiveram os melhores empregos porque são superdotados. Eles apenas foram superdedicados.

Não esqueça da advertência bíblica de que há um tempo de plantar e um tempo de colher. O problema é que a maioria tem pressa de colher e não tem paciência de plantar.

O sucesso exige determinadas habilidades que somente poucas pessoas estão dispostas a ter. Você precisa se tornar uma pessoa imprescindível. Se, porém, você faz o que todo mundo faz e como tudo mundo faz, qual será o seu mérito?

Regra elementar do sucesso: tudo o que era fácil já foi feito.

Já se escreveu, e não custa repetir, que o único lugar em que sucesso vem antes de trabalho é no dicionário.

Dê espaço para o novo

Desenvolva a habilidade de não se identificar com os acontecimentos infelizes que lhe ocorrem. É provável que sua vida não caminhe para a frente porque você se encontra preso às lembranças amargas do passado.

Você não é um doente, apenas está momentaneamente enfermo. Você não é um desempregado, apenas ainda não encontrou o trabalho que logo chegará. Você não é um tolo, apenas ainda não desenvolveu toda a sua inteligência. Solte toda a negatividade para sua vida se iluminar de todo o bem que você for capaz de sustentar.

Se você está cheio de coisas velhas, jamais haverá espaço para as novas. Desprenda-se do passado para que você possa viver a plenitude do dia de hoje, em que se encontram as melhores oportunidades para ser feliz. Se o passado não passa, sua vida tem grandes chances de se tornar um mausoléu de mágoas, culpas, ódios e de doenças também.

Velhice é o nome que muitas vezes se dá à nossa incapacidade de regeneração diante dos episódios menos felizes. A regeneração celular também depende da regeneração dos pensamentos carcomidos pelo tempo. Juventude, antes de tudo, é um estado de espírito. A mente presa a episódios infelizes dificulta a cura de muitas doenças.

Saúde é um estado de harmonia íntima que dificilmente se mantém quando nos convertemos em um depósito de lixo emocional.

Se você não teve o sucesso profissional esperado, não vista a túnica do fracassado, pois do contrário jamais conseguirá novas oportunidades de trabalho. Você não é um derrotado, apenas ainda não encontrou o melhor caminho para desenvolver as habilidades profissionais.

E não se esqueça de que diversos empresários prósperos de hoje estiveram falidos não há muito tempo. Eles simplesmente não se sentiram pessoalmente falidos.

Se você se encontra enfermo, procure não se identificar com a doença. Sua condição natural é a saúde, a doença é uma situação excepcional, não veio para ficar, a não ser que você queira permanecer acamado pelo restante da vida.

Se você sofreu uma desilusão amorosa, não se identifique com a situação para não se sentir rejeitado. Só porque alguém não desejou ficar ao seu lado você vai se enclausurar no porão da solidão? Quando alguém não quer a nossa companhia amorosa não quer dizer que não somos pessoas interessantes, mas apenas que desejam caminhar ao lado de pessoas diferentes, tanto quanto outros, futuramente, escolherão a nossa companhia em detrimento das pessoas com quem conviviam, desde que nós tenhamos largado a roupa do mal-amados.

Na vida, tudo depende de como olhamos os fatos. Pare de olhar a vida com tanto sofrimento, tudo é apenas experiência. Aprenda logo o que precisa aprender com o que lhe sucedeu, e não olhe mais para trás para que sua vida caminhe para a frente.

Reconciliação

Você jamais encontrará paz em sua vida se não souber perdoar a si mesmo. Desça do pedestal do orgulho e reconheça que você ainda é um espírito em aprendizado e, portanto, sujeito a erros e acertos.

A culpa só serve como sinal de alarme para identificar que nos equivocamos em algum ponto do caminho. Reconheça o erro, aprenda com ele, repare algum prejuízo causado e modifique prontamente suas atitudes. A vida não deseja que você sofra com suas quedas, apenas que você aprenda onde e por que caiu.

Mas se você quiser aliviar a consciência de culpa por meio do sofrimento, esteja certo de que acidentes e doenças surgirão em seu caminho, não porque Deus assim deseja, mas porque você ainda prefere a dor em prejuízo do aprendizado e da responsabilidade.

Lembre-se de que é o amor que cobre a multidão dos pecados.

Se o seu erro prejudicou alguém, procure repará-lo quanto antes, pois esteja certo de que, cedo ou tarde, haveremos de ser chamados a equilibrar o que outrora desequilibramos como nossos atos, pensamentos e palavras.

Se não for mais possível fazê-lo com a pessoa a quem prejudicamos, promovamos o bem a quem quer que seja, pois o bem que espalharmos será nosso advogado em qualquer parte.

A caridade espontânea é uma das melhores terapias para dissolver nossa consciência de culpa sem a necessidade do bisturi do sofrimento. Um prato de comida sacia não apenas a fome do mendigo, mas também a nossa fome de paz interior.

Mas se formos analisar com toda a sinceridade, reconhecendo que somos seres ainda imperfeitos, verificaremos que, com grande probabilidade, já trazemos de existências anteriores culpas que ainda não foram sanadas e que hoje se disfarçam em depressões, pânicos, obsessões e desarmonias várias, a nos recomendarem o autoperdão e a vivência da caridade quase que a todo instante.

Verdades óbvias

Respeite o próximo, tanto quanto você legitimamente exige que o respeitem. Nossos direitos terminam onde começam os direitos do outro.

Você pode estar pensando que isso é elementar e tão antigo quanto a pólvora. É verdade. Mas porque ainda não aprendemos a viver em bases de legítimo respeito ao outro – a humanidade já experimentou duas grandes guerras mundiais, já matou milhares de pessoas em nome de diferenças raciais, políticas e religiosas – é que precisamos repetir antigas lições para velhos problemas.

Em nosso cancioneiro popular, extraímos esta verdade óbvia: "A lição sabemos de cor, só nos resta aprender".

Tudo seria muito simples se vivêssemos o óbvio.

Não haverá paz no lar sem que as relações familiares se estruturem no sagrado respeito à individualidade de cada um. Em nome da união da família, não exija que todos pensem com a sua cabeça.

Não dê início a relações afetivas as quais você sabidamente não vai assumir. Respeite os sentimentos alheios, pois ninguém é objeto descartável que você usa e joga em qualquer lugar.

Em cada relacionamento afetivo que você mantiver sob falsas juras de amor, uma torrente de energias prejudiciais o envolverá a partir do momento em que a mentira aparecer. Ninguém se vincula a outrem fortuitamente. Você poderá romper o relacionamento a qualquer instante, mas custará a você livrar-se dos laços psíquicos de ódio e ressentimento vindos dos corações que você não souber respeitar.

Muitos dos amores a quem enganamos no passado, muitos a quem precipitamos no vício ou na loucura, podem retornar hoje aos nossos lares, pelas portas da reencarnação, na condição de filhos-problemas.

Seja lá a posição em que nos encontramos hoje, na família, no trabalho, na vida acadêmica, política ou religiosa, aprendamos desde logo que, sem respeito ao nosso semelhante, jamais haverá paz em nossa consciência e felicidade em nosso coração.

Longe dos vícios

Não procure fugir de seus problemas nas avenidas do vício. Se estiver passando por algum problema grave, você na verdade está precisando de ajuda e não de algo que o empurre para um buraco mais fundo.

Lembre-se de que o prazer que o vício proporciona é muito passageiro; no entanto, seus prejuízos são duradouros, podendo até levá-lo à morte. Avalie sempre se vale a pena o prazer de alguns segundos por anos de sofrimento.

E não pense que morrer seja a solução, porquanto você perderá apenas o corpo físico. Sendo o espírito eterno, sobrevivendo ao desenlace da matéria, a morte o deixará de mãos atadas para resolver os problemas dos quais você quis se livrar e que o suicídio não fez desaparecer.

Você pode até ter forças para vencer o vício sozinho, porém não descarte a possibilidade de pedir ajuda se perceber que está com dificuldades. Vença o orgulho, não queira bancar o super-herói, não há nada de humilhante em pedir socorro. Quando foi levado para ser crucificado, Jesus aceitou que Simão carregasse a cruz até o Gólgota. Por que você também não permite que alguém o ajude a carregar sua cruz nesse momento?

Escolha bem suas companhias. Se você tem propensão para determinado vício, afaste-se imediatamente da convivência de pessoas com a mesma tendência. Considere que o viciado é um doente, e um doente pode deixar o outro mais doente ainda.

A maior dificuldade em sair do vício é a pessoa julgar que não é um dependente e acreditar que, no instante em que desejar, pode largar o vício sem qualquer dificuldade. Vale refletir no dito popular que diz que o pior cego é aquele que não quer ver.

Além da ajuda especializada, de grande valia será a ajuda espiritual a ser prestada no templo de sua fé. Deus almeja ardentemente a nossa felicidade e nos receberá de braços abertos festejando o retorno do filho que estava perdido e agora deseja reencontrar a alegria de viver. Creia que, com a ajuda divina, toda barreira poderá ser vencida, desde que você queira mesmo deixar o vício para trás.

Sem a sua vontade firme e decidida, Deus nada poderá fazer em seu favor. Somente a peso de muito sofrimento você se sentirá inclinado um dia a deixar o vício. Não espere ir ao fundo do poço para mudar. Comece a largar a dependência agora mediante o poder da sua vontade.

Ajude-se que o céu o ajudará. A porta do céu se abre quando alguém bate pedindo ajuda. Então, bata forte, queira ardentemente remodelar sua vida e assim Deus lhe mostrará os caminhos de libertação.

Fale com Deus

Reserve pelo menos um momento no decorrer das suas atividades para dialogar com Deus. Você conversa com tantas pessoas durante o dia, gente até desconhecida, e não dispõe de um minuto sequer para falar com Deus, a fonte inesgotável do bem eterno?

Já reparou quantas vezes você ficou mal depois de ter conversando com alguém de baixo-astral? Imagine se você adquirir o hábito de conversar com Deus todos os dias? Quanta luz surgirá em seu caminho, essa mesma luz que você reclama ausente em sua vida!

Muitas pessoas gostariam de receber uma graça dos céus; no entanto, a grande maioria sente vergonha ou preguiça até para pronunciar o nome de Deus. Quantas vezes morremos de sede diante da fonte de águas cristalinas?

Um livro seria pouco para descrever os benefícios da oração. A prece é uma autoterapia espiritual e por intermédio dela agradecemos o que temos, louvamos a vida e pedimos a Deus que nos auxilie em nossas necessidades. De que mais precisamos?

A oração é das mais poderosas formas de imunização espiritual. Durante a prece, mergulhamos em faixas elevadas do mundo espiritual, desintegrando toda forma de energia negativa que costumeiramente nos envolve. A luz dissipa as trevas. A escuridão em que muitas vezes nos encontramos é apenas ausência de luz.

Por intermédio da prece, tornamo-nos mais suscetíveis à inspiração dos guias de luz, o que nos ajudará a escolher os melhores caminhos no rumo da felicidade. A oração nos livra de muitos atalhos perigosos.

A prece também é excelente remédio, pois a ligação com o Alto nos acalma, alivia a angústia e a opressão, relaxa as tensões e restabelece nossa confiança perante a vida. Por acaso você conhece algum remédio inteiramente gratuito que faça tudo isso e sem nenhuma contra-indicação?

Não congestione sua vida

Não fique tão estressado por causa do trânsito. Sua irritação ao volante não fará com que melhore o fluxo de veículos, tampouco deixará os outros motoristas mais simpáticos a você.

Por conta de bagatelas, muitos expiam no cárcere ou num leito de dor a paciência que não souberam cultivar na direção de um simples veículo. A tolerância ao volante pouparia muitas vidas.

Se você passa um bom pedaço do seu dia no interior de um veículo qualquer, o melhor a fazer é não estragar esses momentos com o seu azedume ou impaciência, pois do contrário as horas se farão mais demoradas e os caminhos mais longos.

Parado no trânsito caótico, leia uma rápida mensagem de otimismo, reflexione sobre uma história edificante, escute uma música agradável, repare na paisagem tentando descobrir algo de positivo no furacão das ocorrências. Assim agindo, você chegará mais sereno aonde a vida o requisita, apto a realizar suas tarefas com o equilíbrio desejado e sem deixar nenhuma bomba para explodir no caminho dos outros.

Nem sempre os que morrem em acidentes de trânsito são vítimas do destino. É possível afirmar que muitos foram vítimas da própria imprudência.

Se você se irar por causa dos problemas no trânsito, não se esqueça de que seus pensamentos se unirão aos demais pensamentos irados que se acham ligados à situação, provocando um forte congestionamento de energias negativas em seu campo mental, a desencadear, por exemplo, fortes dores de cabeça, alterações da pressão arterial ou outros problemas mais sérios. Será que vale a pena estragar a saúde por causa de uma simples fechada?

Ao avistar caída alguma vítima de acidente, e nada lhe sendo possível fazer, feche os olhos da curiosidade vazia e dirija seu olhar a Deus pedindo que o melhor se faça naquele instante.

Não se esqueça de que toda descarga de raiva ou irritação afetará as avenidas do seu coração, provocando caos no trânsito da sua vida.

Não lhe falta tempo

Não deixe que as horas e os minutos do seu dia passem sem um real proveito de sua parte. Tempo não aproveitado é tempo que não volta mais.

Aproveitar o tempo será dar importância às coisas que são importantes e pouca ou nenhuma importância às coisas insignificantes. A maioria dos que reclamam de falta de tempo gasta a maior parte do tempo com fofocas, melindres e queixas infundadas.

É por isso que a experiência demonstra: quando precisar de um favor de alguém, peça a uma pessoa ocupada, pois os desocupados nunca têm tempo.

Em apenas um minuto você pode: fazer uma oração, escrever um bilhete fraterno, dar um telefonema a um amigo em dificuldades, prestar um simples favor, arrumar sua gaveta, admirar uma obra de arte, ler algo que lhe enriqueça a cultura, cumprimentar um amigo pela passagem de aniversário, compor um verso, organizar sua agenda, fazer um elogio à pessoa amada.

Se você dorme oito horas por dia, trabalha durante outras oito horas, gasta mais duas horas deslocando-se de casa para o trabalho, e vice-versa, sobram-lhe, em média, seis horas, que equivalem a trezentos e sessenta minutos para você fazer o que bem entender. Será mesmo que nos falta tanto tempo assim?

O problema nunca será o tempo que temos, mas o que fazemos do tempo que temos. Isso não quer dizer que você não precise de um tempo para descansar, mas até para descansar precisamos saber como aproveitar o tempo. Muitos voltam das férias mais exaustos do que antes.

Uma virtude acompanha fielmente as pessoas que sabem aproveitar o tempo: a disciplina. Ao contrário do que se imagina, a disciplina não leva à escravidão da liberdade. Quem é disciplinado encontra sempre tempo para fazer tudo o que deseja. Já o indisciplinado torna-se escravo das desculpas de não ter feito isso ou aquilo por falta de tempo.

Comece a valorizar o tempo com disciplina na sua mente. E disciplina pede ordem. Ordene seus pensamentos para não se tornar um desequilibrado. Ordem pede atenção. Se você está no trabalho, toda a sua atenção deve estar voltada para o trabalho. Se estiver em casa, sua atenção deve estar voltada para os familiares. Não misture estações, pois do contrário você nem fará o seu trabalho corretamente, nem será alguém presente dentro do lar.

Não seja pai de filhos órfãos

Não deixe para amanhã o que hoje lhe compete na educação dos filhos. Geralmente lamentamos, tarde demais, termos deixado nossos filhos no abandono moral e espiritual. Considere que seu filho não é apenas um corpo. Antes de tudo ele é um espírito dotado de emoções e sentimentos que respondem por quase todas as escolhas que fizer perante a vida.

Carentes de nosso amor e proteção, muitas vezes os filhos são "adotados" por empregados da casa, por internautas desconhecidos, por amigos em desequilíbrio, para mais tarde serem facilmente seduzidos pelos vícios de toda ordem.

Não basta a mera proximidade física entre pais e filhos. Não basta que todos residam sob o mesmo teto. Sem diálogo construtivo, sem amor, sem toque, sem envolvimento não haverá verdadeiramente relação afetiva entre pais e filhos.

A escola pode transmitir sábias instruções às crianças, mas é no reduto do lar que os filhos são verdadeiramente educados.

A pretexto de amá-los, não queira substituir os filhos nas tarefas que eles já podem assumir por conta própria. Proteção demais desprotege, torna as crianças apáticas, desmotivadas e irresponsáveis, prontas para mergulharem no ilusório prazer dos vícios.

Os pais devem criar os filhos para que eles se tornem independentes e maduros, e o melhor meio de atingir tal meta será nunca privá-los do trabalho e da responsabilidade. O excesso de mimo pode gerar filhos rebeldes e tiranos. Os pais serão as primeiras vítimas.

Os genitores precisam encontrar a dose certa entre amor e firmeza no cuidado com a prole. Jamais poderão deixar de repreender os filhos a pretexto de amá-los, mas exatamente porque amam é que precisam corrigi-los.

Mas que nenhuma repreensão se faça com violência, seja ela física ou moral. Punir é muito diferente de educar. A educação atinge o ser na sua essência, fazendo-o compreender as razões pelas quais deve agir com responsabilidade. A punição apenas produz medo, e medo um dia o filho pode perder.

Não se preocupe apenas em dar aos filhos bons colégios, pois isso não garantirá que sejam felizes. Não cuide apenas do intelecto das crianças, porque de nada adiantará que se tornem cientistas brilhantes para inventarem armas de destruição. É preferível que seu filho seja um analfabeto, mas que tenha amor no coração.

O que você vai escolher hoje?

Imagine que, a cada manhã, você está num restaurante chamado "vida", e o tempo lhe oferece um cardápio com muitas opções de como você pretende passar o dia.

Dentre os variados "pratos", você encontrará, por exemplo: dia feliz, dia calmo, dia corajoso, dia tenso, dia nervoso, dia inseguro, dia irritado, dia péssimo, dia ótimo. As possibilidades são amplas, mas a escolha é por sua conta. Você é livre para escolher o tipo de dia que vai levar. No entanto, terá de experimentar o sabor da opção feita.

Se você escolheu pela manhã ter um bom dia, e se estiver comprometido com essa escolha, nada durante o decorrer das horas poderá afetar sua opção. Se um contratempo lhe ocorrer, você manterá a calma, pois estará certo de que o imprevisto nada mais representou do que a mão de Deus colaborando para que você, de fato, tivesse um dia bom.

Em nossa jornada, não conta tanto o que nos acontece, mas como interpretamos o que nos acontece. Um dia chuvoso é somente um dia chuvoso. Pode ser um bom dia ou um mau dia, dependendo de como escolhemos vivê-lo, dependendo de como escolhemos encará-lo.

Se alguém lhe disse palavras injustas, você sempre terá a opção de ficar ofendido ou de não levar em consideração as bobagens que falaram a seu respeito. Se preferir a primeira opção, lembre-se sempre de que não foi o outro quem o ofendeu, mas foi você quem resolveu ficar ofendido.

O maior poder que o homem possui é saber escolher antes de agir. Pena que não temos sabido apurar nosso livre-arbítrio, lembrando dele apenas quando colhemos os resultados amargos da nossa semeadura.

Você já reparou que as palavras "escolher" e "colher" são muito parecidas? Quem escolhe sempre colhe. Lembre-se disso na próxima vez que tiver de optar por algum caminho.

Sem pressa

Nenhum processo de renovação espiritual poderá ser feito do dia para noite. Se a natureza não dá saltos, considere que isso não ocorre tampouco com o homem, já que ele também é parte integrante dessa natureza.

Que nenhum sentimento de pressa nos anime na caminhada da ascensão espiritual. Toda construção requer base sólida para que os tijolos sejam assentados um a um. Ninguém edifica uma casa sem que os alicerces estejam seguros.

Evite comparar-se com almas que já atingiram pontos mais avançados na escalada espiritual. Isso evitará que você se sinta numa posição inferior a esses irmãos de caminhada, diminuindo a chama do seu ideal. Eles até podem nos servir de estímulo, mas toda comparação entre pessoas que estejam em degraus diferentes não tem consistência espiritual.

O anjo de hoje já tropeçou nas mesmas pedras que dificultam os nossos passos de agora. Isso não quer dizer que você deva estacionar nos seus nobres ideais de espiritualização. Apenas queremos evitar que você se angustie por ainda não ser o que só o tempo será capaz de moldar.

Somente a plena aceitação da sua humanidade será ponte segura que o levará à angelitude. Na escala evolutiva, nós ainda estamos mais próximos dos animais do que dos anjos. Segundo a alegoria teológica, anjos são homens de asas. Carecemos primeiro de nos tornarmos plenamente humanizados. As asas virão depois.

A renovação espiritual deve ser antes de tudo um ato de amor a si mesmo. A pretexto de uma reforma íntima, não se torne algoz de si próprio. Só o estímulo do amor será capaz de construir algo de bom no seu mundo íntimo.

Reforma íntima, na essência, é valorização humana, é recordação constante da nossa essência divina. Jamais será centrar o processo de renovação espiritual em suas imperfeições, mas focalizar o deus interior referido por Jesus, a luz divina que habita em cada um de nós. Somente a luz clareia a escuridão. Somente o amor cura o desamor.

Carecemos de lembrar constantemente que somos centelhas divinas, e não o que temos feito de errado por conta da ignorância de ainda desconhecer quem verdadeiramente somos.

O que falta para você ficar em paz?

Se você procura paz em sua vida, acredite que somente a paz de dentro trará a verdadeira paz de fora. Sem paz interior, o mundo externo poderá estar em calma, porém você fará guerra em toda parte.

Estar em paz consigo mesmo é aceitar seus limites, perdoar-se constantemente e ter humildade para reconhecer seus pontos fracos. Você costuma tratar os outros como se trata, por isso procura nos outros motivos para brigar consigo mesmo. Quando, porém, está reconciliado consigo próprio, você aceita as falhas alheias e perdoa sem hesitar.

Quando perdoamos nossos semelhantes, reconhecemos que estamos perdoando a nós mesmos.

Já notou quantas vezes deu causa a discussões desnecessárias? Quantas vezes implicou por ninharias? Quantas outras se meteu onde não foi chamado? Ignoramos que, no mais das vezes, a melhor arma para estabelecermos a paz é o silêncio.

Não desconsidere: a paciência é a ciência da paz.

O melhor caminho para a paz mundial é aprendermos a viver em paz entre quatro paredes. E não haverá paz no lar sem aceitação incondicional dos nossos familiares. Não aceitar é rejeitar, e rejeição é a primeira porta que se abre aos conflitos.

Não apenas assine manifestos em favor da paz, não apenas participe de campanhas pelo desarmamento, não apenas reclame de falta de paz, mas, especialmente, pratique a paz com seu vizinho, com seu parente, pratique a paz no trânsito, na via pública, exercite a paz com seu colega de trabalho, pois somente assim nos transformaremos em verdadeiros agentes da paz onde quer que estejamos.

E perante os seus adversários, evite qualquer espírito de vingança, pois de acordo com a Oração de São Francisco, tantas vezes entoada nos templos religiosos de todo o mundo, "é dando que se recebe".

Vamos nos mexer?

Sempre que possível, procure exercitar-se. Não se trata de uma questão de estética, mas de um aspecto essencial para a saúde integral.

A atividade física regular opera verdadeiros prodígios em nossa saúde: ajuda a manter o peso, melhora o sono, reduz a pressão sanguínea, fortalece o sistema imunológico, protege contra doenças cardíacas e até mesmo contra certos tipos de câncer.[3]

O corpo humano foi elaborado por Deus com muitos ossos e músculos exatamente para que você se movimente. A doença adora corpos largados por muito tempo na inércia de uma cama ou de um sofá.

---

3. Doutor David Servan-Schreiber, *Curar – o stress, a ansiedade e a depressão sem medicamento nem psicanálise*. São Paulo, Editora Sá, 2004.

Você não precisa necessariamente se matricular em alguma academia de ginástica. Comece dando uma simples volta no quarteirão de sua casa. Desça do ônibus um ponto antes de chegar ao trabalho e caminhe a pé por alguns minutos. Prefira escadas ao elevador. Use menos o controle remoto. Dance mais, caminhe descontraído num parque; enfim, mexa-se de qualquer maneira. Se você não for capaz dessas pequenas atitudes, é quase certo que sua permanência na academia não passará de uma semana.

Enquanto se exercita, seu corpo produz substâncias químicas que lhe proporcionarão uma agradável sensação de bem-estar físico e mental. Você já reparou que quanto mais se exercita mais disposto fica, e que, quanto mais sedentário está, mais cansado você se sente?

A atividade física também é capaz de interromper o fluxo dos pensamentos negativos que habitualmente tomam conta de nós, sobretudo nos períodos de grandes aflições. Não desconsidere o poder de uma caminhada no combate à depressão. O corpo também exerce influência sobre os nossos estados de humor.

Mas não queira se tornar um atleta do dia para a noite. Use o bom senso. Respeite seus limites e mexa-se quanto antes. A partir daí você poderá sacudir outras coisas em sua vida.

Para onde você pensa que vai?

Se você está enfrentando grandes problemas a ponto de querer enlouquecer, não pense em fugir da vida pelas portas do suicídio. Quem atenta contra a própria vida não encontra solução, e sim complicação.

Na morte, você apenas muda de casa, como alguém troca de roupa. Mas seus problemas o acompanharão onde quer que você se encontre. Acredite: você jamais morrerá, pois o que se extingue é o corpo. O espírito é imortal.

A maior decepção dos suicidas é se reconhecerem vivos nas dimensões espirituais, sentindo o peso dos mesmos problemas de antes e agora sem a possibilidade de solucioná-los.

Não dê crédito às vozes que o instigam ao suicídio. Nesses momentos, pense firme em Jesus, o amigo certo das horas incertas, e ouça sua voz serena lhe pedindo para não desistir da vida. Como já fizera com seus discípulos, e como ainda tem feito com milhares de pessoas que lhe aceitam a direção, Jesus acalmará as tempestades do seu caminho se você tiver fé e confiança em Deus.

O desespero jamais foi bom conselheiro de quem quer que seja. Tenha calma, a calma que nasce da certeza de que todo sofrimento é passageiro, desde que você não agrave seus problemas dificultando ou até impedindo a intervenção do Alto. "Ajuda-te, e o Céu te ajudará"[4], sempre.

O mal geralmente é o bem mal interpretado, afirmam os guias espirituais. Se você souber esperar mais um pouco pela construção do bem, colherá os frutos positivos que todo sofrimento produz. Pessoas de sucesso não são as que foram poupadas das dificuldades, são as que agüentaram firmes os instantes difíceis, pois sabiam que dias melhores estavam por chegar.

Não desconsidere que há também formas indiretas de suicídio. O vício, que destrói o corpo; os pensamentos negativos habituais, que desestruturam as células; os ataques de cólera, que envenenam o sangue; a maledicência contumaz, que favorece o contágio com energias astrais deletérias; o ódio, que gera violência em sua própria vida; o

4. Allan Kardec, *O Evangelho Segundo o Espiritismo*, Cap. 25, "Buscai e Achareis", São Paulo, Petit Editora, 1997.

cultivo deliberado da mágoa, que propicia o surgimento de tumores preocupantes.

Seja lá o problema que o atormenta, volte seu olhar para o Deus da sua fé, peça o auxílio necessário, creia que o socorro virá, continue trabalhando, mas não alimente qualquer idéia de suicídio para que não transborde a taça de fel que você será obrigado a tomar se consumar sua loucura.

A dor da partida

Se você se encontra triste pela perda de uma pessoa querida, procure não deixar que a saudade se converta em desespero.

Na verdade, você não perdeu ninguém, pois a morte é simples mudança de domicílio. Jesus esclareceu que havia muitas moradas na casa de nosso Pai. Isso quer dizer que nossos entes amados apenas partiram para essas outras paragens espirituais, onde continuam vivos pensando em nós, vibrando por nós e amando-nos com a mesma intensidade de outrora.

Por força dos sentimentos existentes entre você e o ser amado que partiu, laços espirituais se formaram ao longo do tempo e a morte não é capaz de destruí-los. Essa ligação permitirá que o ente querido sinta a nossa saudade, o nosso amor, o nosso carinho, como também possibilitará que ele perceba o nosso desespero e revolta, causando-lhe inquietação e amargura.

Quem ama deseja ver o ser amado alegre e feliz.

Não vá logo doando ou vendendo objetos pessoais do recém-falecido. Espere por alguns meses. Na verdade, a desencarnação é um processo lento, e o espírito, logo após a morte, ainda conserva, em maior ou menor grau, certo nível de apego a tudo aquilo que lhe disse respeito na experiência terrena.

A saudade é natural, humana, por isso nem tente combatê-la. Mas evite a revolta, pois isso dificultará não apenas a adaptação da pessoa querida à sua nova condição de espírito liberto do corpo, como também as tarefas que agora ela será chamada a realizar no mundo espiritual.

Onde quer que se encontre, o progresso está sempre chamando o espírito a novos aprendizados. Não pense que os chamados "mortos" vivem desocupados. Tão logo se sintam adaptados à nova condição, os espíritos estão ávidos por estudo e trabalho, pois reconhecem que a vida palpita grandiosa em todas as dimensões.

Procure não atrapalhar o progresso da alma que voltou ao mundo espiritual com apelos dramáticos e intempestivos. Pelos fios do pensamento, enderece-lhe palavras de encorajamento e paz, a fim de que também você possa cumprir com os objetivos para os quais ainda está nas dimensões da matéria.

Não queira antecipar sua volta às dimensões do mundo espiritual para ficar ao lado do ser amado, pois qualquer precipitação de sua parte, consciente ou inconscientemente, somente retardará esse provável reencontro.

Ajudará muito se você não tratar o ente amigo como alguém que morreu e desapareceu para sempre. Isso é insuportável. Considere que ele apenas viajou mais cedo para um país distante em tarefas de engrandecimento e felicidade, e que um dia você também viajará para o grande reencontro nas dimensões do infinito.

Cura da depressão

Se você está depressivo, não se entregue ao desânimo, tampouco pense em desistir de lutar. Reúna as forças que com certeza ainda lhe restam e caminhe adiante, mesmo que com dificuldades. É preciso interromper o circuito depressivo, tendo comportamentos opostos aos que normalmente as pessoas deprimidas têm.

Não espere ter alegria para agir como uma pessoa alegre. Inverta o processo. Tenha, desde já, atitudes alegres e felizes, que a alegria e a felicidade brotarão dos seus gestos.

Comece pela forma de andar; nada de ombros caídos e olhos baixos. Levante a cabeça, erga os ombros e caminhe a passos firmes. Alguns minutos caminhando diariamente representarão excelente recurso contra a depressão. Permaneça na cama somente o essencial. Nada de quarto escuro e fechado. Abra as janelas, deixe o ar puro da manhã renovar a atmosfera da sua casa e permita que o sol deite raios de saúde sobre você.

Mude o tom de voz depressivo, freqüentemente triste e melancólico. Ponha entusiasmo na voz, cante músicas que lhe despertem boas recordações. Nada de canções tristes, que deixem você "na fossa". Ouça músicas agradáveis, que lhe inspirem alegria de viver. Por exemplo, a valsa *Danúbio azul*, de Strauss, é considerada de efeitos antidepressivos, desde que, evidentemente, você tenha ouvidos de ouvir.

Pare de pensar com insistência nos piores momentos de sua vida. Recorde apenas os episódios felizes, alegres, pois o homem é aquilo que habitualmente cultiva em sua mente.

Não descarte a visita ao médico de sua confiança, a fim de que ele avalie se você está necessitando de alguma outra medida de apoio ao seu caso. A depressão encontra multiplicidade de causas e somente um profissional especializado terá condições de emitir um diagnóstico seguro.

Mas também não deixe de procurar apoio no templo de sua fé, pois muitas vezes a depressão pode ser sintoma de uma profunda apatia espiritual. Você está neste mundo para vencer e não para ser vencido pelo peso das dificuldades. Sua missão é sair daqui vitorioso. Erga-se do chão, peça ajuda para se levantar e recupere as forças combalidas na prece e na alegria de ser útil a alguém em pior situação do que a sua.

Muitas vezes, a depressão se instala porque nos recusamos a aceitar determinados fatos dolorosos da nossa jornada. Então reagimos a eles ficando deprimidos. É uma irresignação muito grande que paralisa a nossa vontade de viver. A chamada depressão reativa é uma tristeza estagnada que precisa ser escoada.

Nesses casos, se você não puder se valer de um terapeuta, peça ajuda ao orientador espiritual da sua comunidade religiosa, a fim de que ele lhe ajude a diluir as tristezas nas águas miraculosas do perdão. Perdoe a si mesmo por ainda não ser o que gostaria de ser. Perdoe ao próximo por ele não ser o que você gostaria que fosse. Perdoe a vida por ela não caminhar por onde você gostaria que caminhasse.

Contente-se com a felicidade possível e, assim, a depressão sairá em retirada tão logo você se convença disso. A beleza da vida consiste em admirar o diminuto raio de luz que ultrapassa a fresta de uma caverna escura.

Pense que a depressão é portadora de uma mensagem de alerta em sua vida. Decifre-a, entenda o motivo pelo qual ela surgiu, compreenda as causas que o levaram a semelhante estado d'alma e, assim, aprendendo a lição contida em cada experiência de vida, aceitando a vida tal qual ela se apresenta, você estará dando um passo mais do que seguro na direção da cura real.

Você tem demonstrado amor?

Não queira viver sem expressar o amor que existe em seu coração. Em cada gesto amoroso que você demonstra, o mundo se torna mais suave, as pessoas se desarmam de seus medos, a violência diminui e a paz floresce.

A felicidade, a saúde, a prosperidade e a harmonia em família dependem do quanto de amor você está disposto a dar. Ninguém retira dividendos de aplicação financeira se nada investiu. Ofereça ódio e irritação, e é isso que você receberá. Dê amor, e o amor retornará a você.

Tanto quanto você gosta de receber manifestações de afeto, procure também ser aquele que demonstra amor. O mundo se encontra com tantos conflitos porque quase todos nós estamos de braços cruzados esperando sermos amados.

Saia da lista dos carentes e omissos e se aliste no exército das pessoas amorosas, pois são elas que salvarão o mundo do caos do egoísmo. Não é a inteligência do homem que resolverá os grandes problemas mundiais, porque a inteligência sem amor tem sido responsável por guerras fratricidas, preconceitos de toda ordem, massacres raciais e religiosos, crimes e atentados ignóbeis. Mas o amor, mesmo vivenciado por poucos, é a viga-mestra que ainda sustenta o mundo.

Você não seria nada sem o amor de Deus. Você não teria ido tão longe não fosse o amor dos seus pais. O planeta Terra já teria virado poeira cósmica não fosse a semente de amor plantada por Jesus no coração de cada um de nós.

Então não deixe essa sementinha morrer pela indiferença. Deixe-a crescer no solo do seu coração. Ela é vital para a sua felicidade. Você não precisará de grandes feitos; ao contrário, quanto mais gestos simples e espontâneos mais o amor se mostrará presente.

Um elogio aos familiares, um sorriso de alegria ao rever o amigo, um inesperado abraço de carinho no ser amado, um bilhete de esperança ao companheiro em dificuldades, um prato de comida aos que perambulam pelas ruas sem lar, um olhar de compaixão aos que se desviaram do bem, um olhar de respeito a quem pensa diferente de você.

É muito bom ser amado, porém é muito melhor ser aquele que ama. Quem recebe amor fica em débito com a vida. Quem dá amor já o recebeu no instante de oferecê-lo. O perfume toca primeiramente as mãos que oferecem rosas.

O amor requer generosidade. Não seja mesquinho ao amar, retire o conta-gotas do seu coração e seja como a chuva a molhar a terra em quantidade suficiente para que ela floresça. Que seu amor não seja triste como um velório. Que ele seja alegre como a criança, doce igual ao mel, formoso como as flores de primavera e brilhante como as estrelas.

O amor não é o que está escrito nos livros, é aquilo que praticamos quando fechamos os livros.

Os dois arquivos

No interior do seu coração, há dois arquivos importantes para a vida caminhar bem. O primeiro é chamado de "arquivo morto" e nele você guarda as lembranças tristes como mágoas, culpas, fracassos e decepções. O segundo é chamado "arquivo vivo", destinado a guardar as lembranças alegres da sua vida, amizades, amores, vitórias, sonhos realizados, momentos felizes como aniversários, casamento, formatura, viagens e outras tantas situações positivas que lhe ocorreram.

É fundamental que você saiba usá-los bem. O arquivo morto, você deve consultá-lo apenas quando quiser aprender algo com as experiências guardadas. Já o arquivo vivo, você deve abri-lo diariamente.

Há pessoas que remexem a toda hora o arquivo morto e jamais se debruçam sobre o arquivo vivo. Isso é uma das melhores formas de ser infeliz. Se você acessar diariamente o arquivo morto, sua vida será um mar de entraves, doenças e miséria. Há pessoas que insistem em procurar alimento na lata do lixo, embora possam saborear comida fresca todos os dias.

Quem cultiva o que de negativo lhe ocorreu, permanece na freqüência vibratória negativa, e assim não há milagre que faça a vida dar certo.

Você tem um poderoso ímã, que é a mente, e acaba atraindo para sua vida pessoas, fatos e circunstâncias que estão na mesma órbita da sua energia mental. Isso nunca foi segredo para ninguém.

Não se sinta vítima do destino, porque, de alguma forma, você plasmou a vida de agora com seu modo de sentir, pensar e agir. Alguém que lhe causou algum prejuízo apenas encontrou a porta que você abriu para o mal entrar no seu caminho. O ofensor não é o único responsável pelo ocorrido, pois você o atraiu para sua vida. E se você é quem atrai, a maior responsabilidade é sua.

Por acaso você é capaz de dizer que se sente bem ao se recordar de um fato que lhe causou dor? Se você respondeu que não, então, por que insiste no mal se o mal lhe faz tão mal?

Acesse com freqüência o seu arquivo vivo. Deixe que sua mente se inunde de boas lembranças, que você sinta mais uma vez todas as sensações maravilhosas que passaram em sua jornada. Faça isso várias vezes ao dia, sobretudo quando a negatividade começar a se aproximar.

Quanto mais você se impregnar de emoções positivas, mais sensações boas vai ter, a alegria vai brotar no seu coração, e a lei da atração funcionará trazendo para seu caminho coisas boas. O bem que se cultiva é o bem que se multiplica.

Ao final de cada dia, anote em um diário ou em outro local preferido, todas as coisas boas que lhe ocorreram no dia e todas as coisas boas que você fez por si mesmo e por alguém. Anote tudo, mesmo os pequenos gestos. Fazendo isso constantemente, você se sentirá cada vez melhor, e isso é a chave de atração do melhor em sua vida.

Onde você se pôs?

Você mesmo é seu bem ou seu mal. O destino é resultado das suas atitudes. E atitude não significa apenas o que você faz, mas também a maneira como você se posiciona na vida. Posição é o lugar que sentimos que merecemos estar.

Você pode estudar muito, trabalhar muito, mas se não se posicionar interiormente que merece uma vida melhor, todos os seus esforços redundarão em fracasso.

Ninguém chegará a ocupar determinada posição ou atingir qualquer meta se não sentir interiormente que merece o que sonha. Quem se posiciona no sul, jamais estará no norte. A atitude interior tem o poder de formatar seu destino. Você está onde acredita que merece estar. Você investiu muito para ter a vida que hoje você tem.

Em síntese, mudar a vida para melhor será mudar sua atitude para melhor.

Pensando assim, é justo considerar que você:

- jamais chegará ao sucesso sentindo-se fracassado;
- jamais será valorizado desvalorizando-se a toda hora;
- jamais terá saúde sentindo-se enfermo;
- jamais terá força crendo-se fraco;
- jamais será uma pessoa atraente enchendo-se de críticas;
- jamais manifestará sua inteligência acreditando-se burro.

Mude sua vida agora mudando sua atitude interior. Saia de baixo, pare com a autocrítica maldosa, expulse a sensação de eterna rejeição por si mesmo. E deixe sua luz brilhar, sinta-se bem do jeito que você é, pois se foi Deus quem o criou, você já deve ser um sucesso.

Setenta vezes sete

Não se iluda com a idéia de viver sem passar pelo crivo das críticas, injúrias e decepções. Por isso, se você não aprender a perdoar, sua existência se tornará um peso difícil de carregar. Até hoje o homem não encontrou remédio mais eficaz do que o perdão, embora perdoar seja ainda visto por muitos como um sinal de fraqueza.

Jesus, no auge do martírio, perdoou seus crucificadores e com tamanho gesto de amor dividiu a história em duas partes: antes e depois dele. A história da nossa vida também pode ser dividida em dois momentos: antes e depois de perdoarmos.

Revidar a ofensa é sempre mais fácil do que oferecer o perdão. Quem revida desce ao nível do ofensor, a ele se equiparando, e convertendo-se em vingador. Com o revide, cria condições para ser futuramente vingado quando for a sua vez de se equivocar. "Quem lançar mão da espada, pela espada morrerá", afirmou Jesus.

A grande maioria ainda prefere a lei do olho por olho. Talvez por isso a humanidade esteja quase cega.

Se não usar de misericórdia para os que se enganam nas estradas da vida, como você poderá clamar pela misericórdia de Deus por suas faltas? O perdão é via de mão dupla, exige que você perdoe primeiro para poder ser perdoado depois.

Os canais de acesso a Deus ficam encobertos quando nosso coração está cheio de mágoas. Melhor será que, primeiramente, nos reconciliemos com nossos adversários e depois, somente depois, voltemos nossas súplicas a Deus. O segredo que abre as portas do céu para nós é o mesmo que abre a porta do nosso coração fechado pelo ressentimento.

Quem tem a coragem de perdoar oferece um presente a si mesmo, pois se livra do veneno que mágoas, culpas e ódios produzem. Não deixe que os ressentimentos se cristalizem no coração, a fim de que amanhã não seja preciso retirá-los na mesa de cirurgia. Antecipe-se e faça, desde logo, a cirurgia espiritual com o bisturi do perdão, removendo qualquer sombra que se aloje em sua alma.

A dificuldade que oferecemos ao perdão talvez esteja no excessivo apego à idéia da importância que julgamos ter.

Perdoar não é compactuar com o mal. É revidar o mal com o bem.

Jamais haverá verdadeira felicidade no lar sem o exercício diário do perdão. Não tente perdoar apenas os graves equívocos dos familiares. Perdoe, sobretudo, as pequenas contrariedades e deslizes, pois são elas que arrasam a vida entre quatro paredes.

Na velha canção popular, ouvimos que "perdão foi feito pra gente pedir". Ousaria complementar, perdoando-me a rima imperfeita, que "perdão também foi feito pra gente distribuir".

Deseja a cura?

Se você está em busca da cura de alguma enfermidade, não esqueça que doenças não são apenas conseqüências do ataque de vírus e bactérias, de alguma deficiência genética em sua constituição ou então dos efeitos da poluição atmosférica. No mais das vezes, as enfermidades são indicações de conflitos não resolvidos da alma.

Você não é um corpo. Você é um espírito que veste um corpo. Quando o espírito adoece, o corpo sente o efeito. Trate, sim, dos efeitos de qualquer doença, porém jamais se julgue exonerado de curar a alma adoecida. Tudo o que está em sua mente e em seu coração tem o poder de impregnar cada célula do corpo.

Se você está feliz, as células também estão felizes. Se você está melancólico, as células também se tornam apáticas. Se você está freqüentemente irritado, as células também se irritam. É por isso, afirmam os médicos espirituais, que toda cura é uma autocura.

Tenha tempo para escutar o templo do seu espírito. Pare para ouvi-lo, pois assim estará no caminho da cura real; a que não apenas elimina sintomas, mas a que vai à origem da dor. Será justo ponderar, então:

- que a gastrite pode simbolizar nossa postura de "engolir" emoções básicas como medo, raiva e aversão, a demonstrar que estamos com dificuldades em digerir determinada situação que atravessamos;
- que a diabetes pode significar falta de doçura, afeto e ternura, condições que tornam a vida agradável;
- que problemas cardíacos podem estar relacionados ao endurecimento do nosso coração;
- que distúrbios hepáticos podem derivar de raiva e explosões de ódio;
- que a artrite pode ter como causa a nossa rigidez mental e o excesso de crítica;
- que a urticária pode ter como raiz a nossa implicância sistemática com o próximo;
- que o câncer pode ter como gênese ressentimentos profundos devorando-nos interiormente.

Diante desses indicativos, será justo reconhecer que perdão, aceitação, alegria e amor são remédios essenciais a qualquer tentativa de prevenção de doenças ou de restabelecimento da saúde.

Se estivéssemos muito doentes, à beira da morte, e houvesse um médico que fosse capaz de nos curar, por certo não nos importaríamos em pagar qualquer soma em dinheiro para consultá-lo, por mais elevada fosse a quantia. Então, por que tanta resistência de nossa parte em utilizar os remédios prescritos por Jesus de Nazaré, à disposição na farmácia do nosso coração, e sem nenhum custo?

Quando enfermos, freqüentemente dirigimos constantes súplicas aos planos celestiais em favor da nossa cura. Esquecemos, porém, que no *Evangelho* já temos a receita: "O amor cobre a multidão de pecados"[5]. Doença é um estado de divisão interior; o amor promove a coesão. O egoísmo é a morte; o amor gera a vida.

Sem que tudo isso signifique desconsideração pela medicina terrena, pense que a verdadeira cura está muito além de um simples comprimido. O remédio pode nos curar por fora, todavia só o amor nos cura por dentro.

5. 1 Pedro, 4: 8.

Caridade para consigo

Em todas as linhas do pensamento cristão, você freqüentemente ouvirá sobre a importância da caridade. De fato, como o amor é a meta a que todo cristão deve aspirar – pois sem ele não haverá felicidade em nível algum da nossa existência – a caridade surge como o próprio amor em ação.

Sem embargo da prática da caridade em favor do próximo, cujo valor é indiscutível, não se esqueça de ser também caridoso consigo mesmo. Afinal de contas, você é o próximo mais próximo de si mesmo. Se você não for capaz de algum gesto de amor por si mesmo, dificilmente será capaz de amar outra pessoa. Para chegar ao próximo, o amor carece de passar primeiramente por você. Ninguém dá o que não tem.

Você tem alimentado o estômago de muitas pessoas, mas há quanto tempo sua alma está faminta de amor?

Você tem perdoado injúrias de toda parte, porém há quanto tempo está preso nas grades da culpa por falta de perdão a si mesmo?

Você tem lavado feridas de enfermos, mas o que tem feito das feridas interiores que ainda sangram?

Você tem consolado os aflitos, todavia por que não tem dado a si mesmo o remédio que distribui aos outros?

Você tem socorrido a infância desvalida, nada obstante o que tem feito por sua criança interior que se encontra há muito tempo abandonada?

Você tem doado roupas a mendigos e maltrapilhos, mas por que ainda não se vestiu de afeto e carinho?

Por que somente os outros devem ser amados? Por que somente os outros devem ser perdoados? Por que somente os outros carecem de ajuda? Você não é um ser à parte da criação, por isso é tão digno, merecedor e necessitado do mesmo amor que dá aos semelhantes.

Que a partir de agora você aprenda a ser também caridoso com você, promovendo seu auto-aperfeiçoamento, pois quem se ama:

- vive longe dos vícios para não dar trabalhos aos outros amanhã;
- aprimora-se intelectualmente para não depender da inteligência alheia;

- nutre-se de afeto e ternura para não se tornar carente do amor do outro;
- é seu próprio amigo para jamais se sentir solitário e pegajoso;
- desempenha seu trabalho com esmero para não se tornar um pária social.

Que você não interprete essas palavras como um protesto contra a caridade para com o próximo, porque a generosidade é uma condição das pessoas amorosas. No entanto, sem o burilamento de cada um na esfera das próprias obrigações perante a vida, jamais deixaremos a posição de mendigos espirituais a reclamarem dos outros a caridade que não fizemos a nós mesmos.

Sem dramas na mente, sem dramas na vida

Procure não exagerar o tamanho dos problemas que o afligem, para que não se sinta pequeno demais diante deles. Quem dramatiza as próprias dores não pode esperar outra coisa da vida senão tragédias e decepções.

Não fale tanto dos seus problemas aos outros, converse sobre eles apenas o mínimo necessário e com pessoas da sua intimidade. Não se esqueça de que Deus criou o mundo pela força da palavra, e isso também vale para nós.

Você é quem compõe o enredo do filme da sua vida. Se não está gostando do que vê, mude de cena, mudando a sua atitude. Tudo está em você.

Deixe de procurar responsáveis por aquilo que lhe ocorre de ruim. Pare de ser vítima e reconheça que o destino está em suas mãos. É você quem atraiu as experiências e as pessoas que cruzaram seu caminho com seu modo de pensar, falar, sentir e fazer.

Quando você muda interiormente para o bem, toda a sua energia se torna positiva no mesmo instante. Você poderá ir à missa, participar do centro espírita, freqüentar o culto protestante, mas se não for bom por dentro o bem não o alcançará por fora.

A verdadeira religião não é o que você faz durante uma hora por semana quando está no templo da sua fé. É o que você faz de bom nas vinte e quatro horas de cada dia.

Não estrague a saúde com preocupações excessivas. Se analisar bem, você reconhecerá que jamais haverá motivo para preocupações, pois se tem um problema pendente, resolva-o logo em vez de se preocupar. Se o problema é insolúvel e nada lhe resta a fazer, mais um motivo para não ter com que se preocupar. Milhares de pessoas mergulham em profundo desequilíbrio emocional justamente porque desejam solucionar questões que somente o tempo será capaz de equacionar.

Enquanto você se queixa, o tempo passa, os problemas se avolumam e suas mãos estão desocupadas. Não há dificuldade que o trabalho e o tempo não resolvam.

Filho de Deus

Procure reavaliar a idéia que formou a respeito de Deus. Muitos dos nossos problemas têm como causa remota uma compreensão equivocada sobre a nossa relação com o *Pai Nosso que está nos céus*. Colocamos esse céu tão distante de nós que, não raras vezes, nos sentimos completamente esquecidos por Deus. Vivemos como órfãos espirituais, sentindo todas as angústias de um abandono.

Não existe distância entre Deus e nós, a distância que existe é de nós para Deus. Somos como o "filho pródigo" da parábola evangélica que, mesmo sofrendo, ainda não retornou à segurança da casa paterna. Deus aguarda nosso regresso de braços abertos e com o coração exultante de alegria. A opção de voltar é nossa.

Não espere sorver a última gota de aflição para reconhecer que você não pode viver sem Deus. Pare de sofrer e se renda aos cuidados de um Pai que o acalma, que o perdoa e que o ama acima de todas as coisas.

Se alguém se sente rejeitado por Deus, provavelmente se auto-rejeitará também e se sentirá rejeitado por todos, e isso é uma das maiores desgraças que pode ocorrer a uma pessoa.

Quem não se sente amado por Deus, passa seus dias andando no deserto da carência afetiva. Qualquer passo em direção à felicidade deve começar pelo nosso relacionamento com o Criador. Não importa o nome que você dê a Ele, seja Deus, Jeová, Alá, Buda, ou outra nomenclatura qualquer. O que importa, de fato, é que você o sinta como o Amor Supremo, disposto a fazer qualquer coisa pela sua felicidade.

Jesus comparou Deus ao pastor que sai em busca da ovelha perdida. Mesmo que você esteja perdido no mais profundo abismo de dores e sofrimentos, Ele o procura para tomá-lo nos braços e trazê-lo de volta ao mundo da felicidade e do amor. Deus o encontra de mil modos inimagináveis. Pode ser pelas palavras de um amigo, no socorro inesperado de última hora, no olhar confiante que seu filho lhe endereça quando você está chorando escondido, nas portas que se fecham para que outras melhores se abram e até mesmo nas linhas de um simples livro como este.

Será que Deus não está falando com você neste exato instante?

O amor que Deus tem por você não é para amanhã, nem mesmo para quando você se tornar um espírito evoluído, livre de imperfeições. Deus o amou ontem, ama-o hoje e o amará para sempre, independentemente do que você foi, do que você é ou do que você ainda será.

Nosso Pai não impõe condições para nos amar. Pare de comparar a sua pobre e limitada forma de amar com a maneira irrestrita com que a divindade nos ama. Faça as pazes com Deus, ainda agora, a fim de que essa amizade o acompanhe em todos os seus passos. Quem anda com Deus jamais viverá na solidão.

Sem ansiedade

Não deixe que a ansiedade encubra a luz que brilha hoje em seu dia. Você não conseguirá ser feliz amanhã, porque somente temos condições de viver o agora, e o agora é o único tempo que temos para a felicidade. O futuro não passa de uma ilusão na nossa cabeça.

Domine os seus pensamentos, pois a mente adora viajar no tempo, e se os pensamentos voarem a toda hora para o depois você não construirá nada de positivo para a vida que você vive neste exato momento.

Se você não dominar os pensamentos, eles dominarão a sua vida. Você é quem controla o que deseja pensar e sentir.

De que adiantará projetar lindos sonhos para o futuro se as suas mãos vivem desocupadas no presente? Você poderá fazer planos para o futuro, ter lindos sonhos, mas não faça disso uma obsessão capaz de impedi-lo de ver a beleza que se esconde em cada momento da vida de agora.

Não anseie por uma vida perfeita no futuro. Não jogue fora o dia de hoje esperando que amanhã você terá tudo o que deseja, que seu emprego será absolutamente maravilhoso, que a vida em família estará na mais perfeita harmonia, que a saúde não sofrerá qualquer abalo, enfim, que tudo será lindo e maravilhoso como num conto de fadas.

Decepção é o nome que damos para os delírios da nossa mente que imagina e espera perfeição em tudo e em todos. Muitas das nossas enfermidades são decepções disfarçadas.

A vida é mesmo feita de contrastes. Jamais saberíamos o que é alegria sem experimentar a tristeza. Não conheceríamos a saúde sem passar pela enfermidade. Nem sequer imaginaríamos o que é companheirismo sem conhecer a solidão. Nunca valorizaríamos a vida sem a presença da morte.

A felicidade consiste na habilidade de encontrarmos pedras preciosas perdidas entre cascalhos. O homem feliz é aquele que, a despeito de todos os contrastes e dissabores que enfrenta, sabe se encantar com o que tem, somente se interessa em lidar com o lado melhor das pessoas, sabe extrair de cada experiência o melhor dos aprendizados, enfim, é um caçador de alegrias na floresta das dificuldades.

A felicidade não é um destino, mas a maneira de viajar na direção dele. De que adianta você tomar o trem da vida e lutar tanto por algo que está no futuro, se na viagem você não foi capaz de ser feliz com as paisagens de cada estação?

Pare com a queixa

Que você procure reclamar menos e agradecer mais. A queixa constante é uma bomba que explode e arrasa qualquer possibilidade de solução de nossos problemas.

Você já reparou que a maioria das pessoas evita contato com os queixosos? Isso ocorre porque a energia que eles liberam é desagradável e não raras vezes atinge quem está por perto. A queixa poderia ser comparada a um espinho perigoso que todo mundo teme e do qual quer ficar longe.

O hábito da reclamação implica um aviso para o universo de que algo está faltando em nossa vida. Como acreditamos piamente nisso, a vida nos responde com mais faltas e carências. O universo é uma caixa de ressonância: recebemos o que damos, temos o que oferecemos.

Você até poderá ter uma situação econômica privilegiada, mas se permanecer reclamando de tudo e de todos provavelmente não terá tempo sequer para dar um mergulho na piscina de sua confortável casa, pois viverá reclamando da conta de água.

A queixa é um vício perigoso que deve ser combatido seriamente tanto quanto se vivêssemos drogados por algum entorpecente qualquer; é uma droga que também vicia e prepara o terreno para diversas depressões.

A lamentação produz desalento, estagnação, reduz nossas energias físicas e espirituais e nos aproxima do contato com espíritos infelizes. Evite, portanto, permanecer na faixa da queixa, pois do contrário você correrá o risco de não ver sua vida caminhar adiante.

Cada vez que você se sentir impelido a reclamar indevidamente de algo, procure fazer silêncio fechando a boca por alguns minutos. Deixe o impulso passar e verifique que talvez exista algo em você mesmo com que não esteja concordando. Você grita com os outros, talvez porque não queira escutar algo dentro de si mesmo. Na maioria das vezes, os outros são espelhos dos nossos próprios conflitos.

O tempo que você gasta para se queixar é o mesmo tempo que uma pessoa de sucesso emprega para alcançar a vitória.

Troque a queixa pela gratidão. Quanto mais você agradecer pelo que tem e pelo que é, mais a vida responde na mesma faixa, e isso quer dizer mais prosperidade, saúde e amor.

Quem é você?

Dificilmente você será uma pessoa feliz sem que antes se conheça na palma da mão. Se ainda não sabe quem é, como você poderá saber para onde vai e o que quer de fato da vida? Se não aprendeu a lidar consigo mesmo, como pretender lidar com o próximo? Se ainda não consegue identificar seus pontos fortes e fracos, como almejar a vitória sobre qualquer coisa?

Muitas pessoas andam por caminhos equivocados exatamente por não se conhecerem; não sabem as reais necessidades do seu espírito. Para quem está perdido, qualquer caminho serve.

Cada espírito é uma individualidade própria, portanto diferente dos demais, nem melhor nem pior, simplesmente diferente.

E você precisa descobrir quem de fato é. Não tenha medo dessa viagem interior, nenhum monstro o aguarda nas profundezas da sua alma. Há um tesouro escondido no universo do seu mundo íntimo, é a centelha divina que habita em você esperando ser descoberta, trabalhada e amada como toda criatura de Deus merece ser.

Seja tão curioso por si mesmo quanto tem sido em relação à vida alheia. De preferência, a cada dia gaste mais tempo investigando a si mesmo e deixando de lado aquilo que somente diz respeito ao outro.

Reserve espaços no seu dia para o autoconhecimento. Faça perguntas para si mesmo, dialogue consigo e responda para si mesmo: quem você é, do que você gosta, o que não aprecia, o que lhe faz bem e o que lhe desagrada. Jamais, porém, faça esse mergulho interior para se condenar. Você jamais será amigo de si mesmo se não tiver humildade suficiente para aceitar-se como é.

Autoconhecimento deve ser algo prazeroso, não um jogo de tortura. Isso não quer dizer que você deixará de ver aspectos sombrios da sua personalidade. No entanto, jamais estará de pedras na mão para se agredir. Só o amor é capaz de iluminar a sombra interior e transformar nossos pontos escuros em pontos de luz.

Qualquer tentativa de reforma íntima que leve o indivíduo a cair em culpa e aniquilar a auto-estima não passa de um processo perverso, pois só o amor é capaz de gerar transformações verdadeiras em nosso modo de agir. O mal produz medo, insegurança, revolta, enfim, gera mal-estar.

Diante de algum fato significativo, reflita sobre os motivos pelos quais você agiu dessa ou daquela forma. Freqüentemente nos comportamos sob o impulso de melindres, raivas, medos, culpas e mágoas, cujos sentimentos estão arquivados nas camadas mais profundas do nosso ser. Sem que se conheça a fundo, você não se libertará desses espinhos da alma e jamais terá domínio sobre si mesmo, permanecendo refém da própria sombra.

Afirmou Jesus: "conhecereis a verdade, e a verdade vos libertará"[6]. Essa verdade também está no âmago do nosso ser, pois as Leis Divinas estão gravadas em nossa consciência. Consultar a consciência é ouvir a voz de Deus falando dentro de nós.

---

6. João, 8: 32.

Suas palavras, seu destino

Cuidado com as suas palavras, pois também escrevemos o destino com aquilo que sai da nossa boca. A palavra tem força energética capaz de materializar o conteúdo das suas afirmações. Não se esqueça de que Deus criou o mundo por meio das palavras.

O que propicia vida às palavras são as nossas intenções e sentimentos. A palavra carregada de ódio pode ser comparada a um tiro de revólver endereçado ao nosso desafeto. Já a bênção que a mãe concede ao filho estabelece um manto protetor sobre a criança.

Muitos lares estão em desarmonia porque os familiares não guardam serenidade no que dizem. O palavreado ofensivo dentro do lar equivale a uma agressão energética, atingindo aqueles a quem deveríamos tratar com carinho e respeito.

A crítica constante também produz um ambiente de acidez espiritual. Quanto mais sua língua estiver afiada, mais as pessoas desejarão distância de você.

Já o elogio sincero produz aconchego espiritual, pois a palavra de estímulo é como o algodão macio, produz bem-estar. Se você quer melhorar o ambiente em que vive, experimente trocar a crítica pelo elogio. Mesmo quando estiver incumbido de corrigir alguém, faça-o com carinho e respeito, jamais rebaixando o valor de qualquer pessoa.

Está no *Evangelho*: "os que lançarem mão da espada pela espada morrerão"[7].

Jamais diga:

- "meu filho é um viciado", pois sua palavra o encarcerará cada vez mais no vício;
- "minha vida não tem jeito", pois assim você jamais sairá do labirinto das dores;
- "não tenho saúde", para que suas células não se convençam dessa mentira;
- "nada dá certo para mim", para que seu negativismo não feche de vez os seus caminhos;
- "ninguém me ama", para que sua carência não afaste em definitivo as pessoas do seu convívio.

Não esqueça que todo o processo de melhoria da vida começa muitas vezes pelo que sai da nossa boca.

7. Mateus, 26: 52.

Mude para vencer

Não resista à necessidade de estabelecer mudanças em sua vida. Quanto mais você resistir a elas, maior será a carga do sofrimento. Evite dores desnecessárias rendendo-se à necessidade do progresso que bateu à sua porta.

Observe a natureza e note que tudo sempre está em processo de renovação constante. A própria água viaja em ciclos constantes, cumprindo as suas abençoadas funções em todos os níveis em que estagia. Se a lagarta se recusasse à própria transformação, jamais veríamos a beleza das borboletas bailando sobre os jardins.

Nossa vida também caminha por meio de ciclos que se renovam de tempos em tempos. É a maneira pela qual a sabedoria divina promove a nossa evolução. Esteja desperto para perceber quando um ciclo está se encerrando para que um novo tenha início. Abra sua mente, aceite novas idéias, questione seus velhos conceitos, pode ser que algumas verdades de outrora já não sejam tão verdadeiras hoje.

Algumas pessoas ainda preferem tragédias a mudanças. Deixe a sua zona de comodidade e adote novos hábitos positivos. Dê o primeiro passo, ainda que pequeno. O importante é não ficar parado deixando que a situação se complique. O melhor tempo para agir se chama "hoje". E a melhor hora para realizar se chama "agora".

Neste exato instante, você pode:

- fazer uma oração para retomar seu diálogo com Deus;
- ler uma página edificante para arejar sua mente com novas idéias;
- pedir desculpas ao familiar por algum equívoco cometido;
- dar uma volta no quarteirão de sua casa para começar a exercitar o corpo;
- lembrar-se de uma ocorrência feliz da sua vida;
- sorrir para os colegas de trabalho;
- investir na sua reciclagem profissional;
- mudar a posição dos móveis de sua casa;
- fazer novas amizades;
- aprender mais sobre internet, computador;
- socorrer alguém em aflição;
- interessar-se por um outro idioma;

- parar com a crítica.

Enfim, não espere que o sofrimento seja o oficial de justiça a lhe trazer a intimação compulsória das mudanças que você deixou para mais tarde. Quem deixa a mudança para mais tarde deixa também a felicidade para depois.

O amigo Jesus

Não deixe que Jesus seja para você apenas uma figura histórica. Ele quer fazer parte da história da sua vida, por isso acompanha todos os passos da sua existência. Não pense que o Mestre se encontra apenas nas esferas resplandecentes, pois seu imenso amor está presente sempre que alguém derrama alguma lágrima de aflição ou arrependimento.

Seria bom se as luzes do Natal enfeitassem o nosso coração todos os dias do ano.

Não nos esqueçamos da promessa feita por Jesus de que ele estaria todos os dias conosco até o fim dos tempos. Você não acha que Jesus seria capaz de prometer e não cumprir, não é mesmo?

Mas não basta saber que Jesus estará conosco. Precisamos nos indagar se também queremos estar com Jesus.

De nada vale carregarmos o crucifixo no peito se não aceitamos a cruz dos testemunhos que nos compete carregar. De pouca valia são as lágrimas que derramamos diante da coroa de espinhos se ainda somos incapazes de aceitar algumas alfinetadas de irmãos ignorantes das verdades espirituais que já sabemos.

Não isole o Nazareno no templo de sua fé ou nas fileiras da sua religião. Ele com certeza não é católico, nem protestante, tampouco espírita. A única igreja que Jesus fundou foi a do amor ao próximo como a si mesmo, condição maior para a felicidade na Terra e no Além.

Por isso Jesus é o companheiro fiel de todos aqueles que andam pelas estradas do amor, independentemente se professam ou não alguma religião. Para o Mestre, mais importante do que a religião é a nossa religiosidade.

A humanidade está carente não de homens que falem de amor, mas de homens que vivam o amor. Jesus foi a máxima exemplificação do amor.

Ele não publicou livro algum, mas escreveu em nosso coração a mais linda história de amor e doação que a humanidade conheceu.

Não fundou escolas, porém se apresentou como o mais excelente Mestre do Espírito.

Não exerceu poder político algum, contudo lavou os pés de seus discípulos ensinando-nos que servir é mais importante do que ser servido.

Não foi médico, todavia curou a muitos despertando a fé em cada um dos enfermos.

Se você procura por Jesus, o meio mais fácil de encontrá-lo será amando o seu próximo, sobretudo aquele que não pode lhe retribuir com nem um centavo sequer. Talvez ele passe hoje mesmo em sua casa disfarçado de mendigo pedindo um prato de comida. Ou quem sabe ele estará num leito de hospital aguardando que você visite um desconhecido abandonado pelos familiares.

Ainda será possível encontrar Jesus escondido nos orfanatos junto aos berços de crianças esquálidas ou mesmo nos asilos aos pés da cama de idosos sujos e fedorentos.

Mas se ainda não quiser ir tão longe, é provável que encontre Jesus em seu próprio lar, bem ao lado daquele familiar de difícil trato que você se recusa a aceitar.

Todavia, se estiver sem forças para ir a lugar algum, mergulhe fundo no seu coração e encontre Jesus de braços abertos para você, convidando-o a sair agora mesmo do martírio do egoísmo para a felicidade de amar e servir.

Ao terminar a leitura deste livro, talvez você tenha ficado com algumas dúvidas e perguntas a fazer, o que é um bom sinal. Sinal de que está em busca de explicações para a vida. Todas as respostas que você precisa estão nas Obras Básicas de Allan Kardec.

Se você gostou deste livro, o que acha de fazer com que outras pessoas venham a conhecê-lo também? Poderia comentá-lo com aquelas do seu relacionamento, dar de presente a alguém que talvez esteja precisando ou até mesmo emprestar àquele que não tem condições de comprá-lo. O importante é a divulgação da boa leitura, principalmente a da literatura espírita. Entre nessa corrente!

Livros de José Carlos De Lucca

Vale a pena amar

Trata-se da primeira incursão de José Carlos De Lucca pela crônica, gênero literário tão do agrado do leitor: histórias curtas, experiências vividas pelo escritor e episódios marcantes. Livro que ilumina o caminho do leitor que deseja alcançar a verdadeira felicidade.

Força espiritual

Todos nós merecemos ser felizes! E o primeiro passo para isso é descobrir por que estamos sofrendo. Neste livro encontramos sugestões práticas para despertar a força espiritual que necessitamos para enfrentar e vencer nossas dificuldades, transformando nosso destino.

Atitudes para vencer

O sucesso depende de nossas atitudes! Neste livro, José Carlos De Lucca, o autor do *best-seller Sem medo de ser feliz*, mais de 90 mil exemplares vendidos, analisa e exemplifica atitudes que nos ajudam a vencer. Acredite: tudo pode ser muito melhor do que você imagina!

Olho mágico

Até onde seus olhos alcançam? Será que é realidade o que está vendo? Veja as oportunidades que estão à sua frente! A alegria e a paz estão ao seu alcance como nunca viu. Essa é a proposta de *Olho mágico*. Descubra que, a partir de uma nova perspectiva, tudo pode mudar!

Se você quiser conhecer todos os nossos títulos, e se interessar em receber um catálogo, sem compromisso, envie seus dados para Caixa Postal: 67545 – Ag. Almeida Lima – CEP 03102-970 – São Paulo – SP ou se preferir via e-mail: petit@petit.com.br

petit